J. Kärst

Entwicklung und theoretische Begründung der Monarchie im Altertum

Altertum

Sechster Band

J. Kärst

Entwicklung und theoretische Begründung der Monarchie im Altertum
Sechster Band

ISBN/EAN: 9783743406261

Hergestellt in Europa, USA, Kanada, Australien, Japan

Cover: Foto ©ninafisch / pixelio.de

Weitere Bücher finden Sie auf **www.hansebooks.com**

Historische Bibliothek.

Herausgegeben von der

Redaktion der Historischen Zeitschrift.

Sechster Band:

Studien zur Entwickelung und theoretischen Begründung der Monarchie im Altertum.

Von

Julius Kaerst.

München und Leipzig.
Druck und Verlag von R. Oldenbourg.
1898

Studien

zur

Entwickelung und theoretischen Begründung

der

Monarchie im Altertum.

Von

Julius Kaerst.

München und Leipzig.
Druck und Verlag von R. Oldenbourg.
1898.

Rudolph Sohm

in dankbarer Verehrung.

Inhaltsverzeichnis.

Einleitung.

„Die Weltgeschichte arbeitet mit alten Gedanken und prägt sie in neue Form," mit diesen Worten eines hervorragenden Rechtsforschers[1]) möchte ich auch den Grundgedanken der folgenden Untersuchung bezeichnen. Überall werden wir die Wahrheit dieses Ausspruches bestätigt finden, soweit wir die Geschichte des politischen Lebens der Nationen, die Geschichte der politischen Institutionen, wie der Theorien, die aus ihnen abgeleitet werden und wieder auf sie einwirken, verfolgen, vor allem, wenn wir den großen, grundlegenden Gedanken, die im staatlichen Leben sich wiederspiegeln, in ihrer allgemeinen Entwickelung und in ihrem welthistorischen Zusammenhange nachgehen. Erst von einer solchen universalen geschichtlichen Anschauung aus können wir den eigentümlichen Charakter einer bestimmten Periode, die hier wirksamen Kräfte staatlichen Lebens in ihrer besonderen Bedeutung begreifen und andrerseits wieder erkennen, wie diese in den Wirkungen, die sie hervorbringen, nicht an die Grenzen des engeren Kreises, für den sie ursprünglich bestimmt oder aus dem sie zunächst hervorgewachsen waren, gebunden sind. Indem sie in einen neuen Zusammenhang eintreten, werden sie zum Teil selbst wieder umgebildet und rufen durch ihr

---

[1]) Brunner, Deutsche Rechtsgeschichte. II. S. 5.

Zusammenwirken mit neuen Elementen eigentümliche Neu-
bildungen hervor.

Wohl ist es richtig, daß „das Leben der Kultur sich in
Perioden abspielt"[1]), aber eine grundsätzlich diese Perioden
isolierende Betrachtung läuft Gefahr, den historischen Gesichts-
kreis zu beschränken, indem sie nicht bloß das Material geschichtlicher Beobachtung wesentlich verringert, sondern auch den
Zusammenhang des universalen geschichtlichen Lebensprozesses
verkennt, der doch das geistige Band bildet, das uns überhaupt
mit längst vergangenen, aber in der geschichtlichen Anschauung
von uns neu erlebten Perioden verknüpft. Wo bedürften wir
nun mehr eines solchen weiten Rahmens der historischen Forschung,
einer umfassenden geschichtlichen Perspektive, als bei der Betrachtung der fundamentalen politischen Gedanken des griechischen
und römischen Altertums? Je tiefere Einblicke wir in die innere
Lebensgeschichte der christlich-abendländischen Kulturwelt thun,
desto klarer tritt uns die Bedeutung des Altertums für dieselbe
entgegen; und doch, wie finden wir wiederum vielfach auch da,
wo wir jene Einwirkung der Antike wahrnehmen, unter dem
Einflusse der großen weltgeschichtlichen Begebenheiten und der
neuen Elemente der Kultur alles in anderen Formen ausgeprägt,
in neue Stimmungen des politischen und geistigen Daseins ein-
getaucht!

Eine wirkliche Entwickelungsgeschichte der politischen Ideen,
etwa in der Art, wie sie Gierke für das Mittelalter, zum Teil
auch für die Neuzeit, in seinem Johannes Althusius und

---

[1]) Auf die Begründung dieses Satzes wie auf die praktischen Folgerungen, die v. Wilamowitz in seiner Rede über die Weltperioden, Göttingen
1897 S. 12 f., daraus zieht, Folgerungen, die thatsächlich die Einheit der
geschichtlichen Forschung zerstören und die Geschichte des Altertums als aus-
schließliche Domäne der philologischen Wissenschaft ausliefern, kann ich hier
nicht genauer eingehen; vielleicht bietet die folgende Untersuchung selbst einen
Beitrag zu ihrer Widerlegung. Gegenüber der außerordentlichen Wert-
schätzung der Platonischen geschichtsphilosophischen Theorie, wie sie uns bei
v. Wilamowitz S. 13 f. entgegentritt, möchte ich einstweilen auf Dilthey,
Einl. in d. Geistesw. I. S. 273 hinweisen.

namentlich im dritten Bande seines Genossenschaftsrechtes gegeben hat, existiert für das Altertum, insbesondere das griechische Altertum, meines Wissens nicht, so wertvolle Bei-
träge auch in einzelnen Beziehungen, vornehmlich im Zusammenhange geschichts = philosophischer Erörterungen, geliefert
worden sind.[1])

Die vorliegende Untersuchung beabsichtigt, wie schon der
Titel: „Studien" anzeigt, natürlich auch nicht eine erschöpfende
Darstellung der Geschichte der Monarchie im Altertum zu geben
— diese würde ja überhaupt nur in einem allgemeineren geschichtlichen Rahmen möglich sein —, sie will ihre Entwickelung
nur in einzelnen Hauptmomenten, deren besondere Hervorhebung
in ihrem Zusammenhange selbst ihre Rechtfertigung finden muß,
nicht nach allen Seiten, verfolgen, und wird, indem sie vor allem
die geistige Seite der politischen Entwickelung, die in ihr zum
Ausdruck gelangenden Ideen, hervorhebt, den Schein der Ein-
seitigkeit nicht völlig vermeiden können; auch beschränkt sie sich
in der Hauptsache auf das griechische Altertum und zieht das
römische Staatswesen erst in der späteren Zeit, in der es unter
den Einfluß des Hellenismus tritt und die Monarchie thatsächlich die beherrschende Form des politischen Lebens wird, in
den Kreis ihrer Betrachtung. Der Verfasser würde im wesentlichen seinen Zweck für erreicht halten, wenn es ihm gelänge,
manches, was bisher in einer gewissen Vereinzelung angesehen

---

[1]) Ich weise hier namentlich auf die geniale Darstellung Lotzes im
3. Bande des Mikrokosmus und auf die geistreichen und wertvollen Bemerkungen Diltheys im 1. Bande seiner Einleitung in die Geisteswissen-
schaften, besonders S. 271 ff., hin. Von anderer Seite ist neuerdings der
erfolgreiche Versuch gemacht worden, die platonisch=aristotelische Staats= und
Gesellschaftstheorie im lebendigen Zusammenhang mit der wirklichen geschichtlichen Entwickelung, den politischen und vornehmlich sozialen Problemen,
die sie stellte, zu begreifen (vor allem von Poehlmann im 1. Bande seiner
Geschichte des antiken Kommunismus und Sozialismus). Das Werk von
Rehm: Geschichte der Staatsrechtswissenschaft (in Marquardsens Handbuch
des öffentlichen Rechts, Einleitungsband) habe ich in der Hauptsache nicht
mehr für meine Darlegung benutzen können.

worben ift, in einen größeren Zusammenhang und dadurch vielleicht in eine hellere Beleuchtung zu bringen und etwas bei-
zutragen zur Erkenntnis des großen Umwandlungsprozesses,
der sich nicht nur im äußeren politischen Dasein des Altertums,
sondern namentlich auch in Bezug auf den geistigen Untergrund
desselben vollzogen hat und in seinen Wirkungen weit über die
Grenzen des Altertums hinaus erkennbar ist.

Erstes Kapitel.

Die Monarchie in ihrem allgemeinen Verhältnis zum politischen Leben der Griechen.

Nichts ist für die Entwicklung der beiden großen Kultur-
völker des Altertums in politischer Hinsicht charakteristischer, als
der schroffe Gegensatz, in dem ihr Staatswesen und ihre Staats-
anschauung zur Zeit ihrer größten Blüte sich zur Monarchie
befanden. „In keinem andern Staate hat die Freiheit eine
sichere Stätte, außer da, wo die höchste Gewalt beim Volke
ruht," sagt Cicero[1]), und bei Euripides heißt es in den „Schutz-
flehenden"[2]): „Nichts schädigt mehr den Staat, als Herrschaft
Eines Mannes. Wo, was doch allen vorgeht, kein gemein Gesetz Besteht, Ein Herr ist, welcher das Gesetz in sich Allein
hat, so daß nimmer gleiches Recht besteht"[3]).

Wohl steht das heroische Königtum bei den Griechen, deren
Staat uns zunächst ausschließlich beschäftigt, in großen Ehren,

[1]) De rep. I. 31,47: Nulla alia in civitate, nisi in qua populi
potestas summa est, ullum domicilium libertas habet.

[2]) V. 429 ff. Das Citat ist nach einer Übersetzung von Hug, Stud.
aus d. klass. Altertum, S. 73, gegeben.

[3]) Ganz ähnlich Euripides in der Auge frg. 277 N. (Stob. flor.
49, 3):

κακῶς ὄλοιτο πάντες, οἳ τυραννίδι
χαίρουσιν ὀλίγῃ τ᾽ ἐν πόλει μοναρχίᾳ·
τοὐλεύθερον γὰρ ὄνομα παντὸς ἄξιον,
κἂν σμίκρ᾽ ἔχῃ τις, μεγάλ᾽ ἔχειν νομίζεται.

seine Träger umgibt der Nimbus einer ehrwürdigen sagenhaften
Vergangenheit; aber es ist durchaus unrichtig, wenn man aus
der „Pietät, mit der die Hellenen an ihrer Heldensage hingen,“
geschlossen hat[1]), daß sie „bei der hohen Schätzung der Königs-
würde beharrt seien“. Denn jenes Königtum ist eben ein
heroisches, und ein nicht unwesentliches Verdienst desselben ist,
z. B. in der späteren Ausbildung der attischen Sage, den
Grund zur Volksfreiheit gelegt zu haben; der gefeiertste Name
der athenischen Vorzeit, Theseus, ist das mythische Vorbild für
die Errichtung der demokratischen $\iota\sigma\sigma\eta\gamma\iota\alpha$ und $\iota\sigma\sigma\nu\sigma\mu\iota\alpha$[2]);
wo noch Spuren jenes Königtums in der späteren Zeit be-
stehen, ist es eine mehr oder weniger kostbare Reliquie geworden,
meist zu einer reinen Form, ohne thatsächliche Bedeutung, herab-
gesunken. Wenn es in Sparta, allerdings in eigentümlicher
Form, sich erhalten hat, so liegt dies an der Zähigkeit, mit der
in diesem Staate die Institutionen und Traditionen der Vergangenheit festgehalten wurden, ist zugleich aber wohl auch
darin begründet, daß die militärischen Aufgaben, die dem spartanischen Staate vor allen andern griechischen Staaten gestellt
waren, die politische und namentlich militärische Stellung
Spartas an der Spitze eines großen Bundes und die hierdurch
bedingten Notwendigkeiten der Kriegführung dem Königtum eine
größere Bedeutung sicherten, als sonst dem Geiste und den
Tendenzen der spartanischen Verfassung entsprach; indessen ist
doch auch hierbei charakteristisch, daß das Königtum weniger als
Repräsentant des Volkes, denn als eine der herrschenden Gemeinde in gewissem Sinne gegenüberstehende Macht aufgefaßt
wird. Nur da, wo nicht der Stadtstaat die Grundlage der
politischen Entwicklung geworden, sondern der Stammes- oder
der nationale Verband das Fundament derselben ist, so namentlich im Norden, in Epeiros und Makedonien, hat sich das
Königtum erhalten und weiter ausgebildet; dies hat aber für
die griechische Entwicklung erst in späterer Zeit, der makedonischen

---

[1]) v. Wilamowitz, Göttinger Festrede von 1886, S. 6.
[2]) Vgl. Eurip. Suppl. v. 352 f., 404 f., 429 ff.

Periode, Bedeutung gewonnen; im Kampfe des makedonischen Königtums gegen die hellenischen Freistaaten, insbesondere Athen, haben wir vor allem den Gegensatz und das Ringen von zwei völlig verschiedenen politischen Entwickelungen zu sehen. Damit kommen wir zugleich auf die inneren Gründe jener eigentümlichen Erscheinung, die wir am Eingange unserer Erörterung hervorgehoben haben.

Die politische Entwickelung der griechischen Staaten geht mehr nach innen als nach außen; sie erfolgt in den mehr oder weniger engen Kreisen der Stadtstaaten, die sich gegenseitig aus- schließen, die ihr Leben hauptsächlich nach innen entfalten; das nationale oder Stammesprinzip ist dem gegenüber thatsächlich so wenig zur Geltung gekommen, daß die auf die innere Aus- bildung der Polis, ihre autonome Gestaltung gerichteten Ten- denzen völlig über die Bedürfnisse einer mehr nach außen ge- kehrten, größere Kreise der hellenischen Nation zusammenfassenden Politik obgesiegt haben; in dem eigentümlichen Wesen des griechi- schen Stadtstaates ist es begründet, daß aus ihm nicht, wie aus dem Territorialstaate der deutschen Geschichte, ein nationaler Staat hat erwachsen können.

In diesen Kreis des städtischen Staates ist nun das ganze Leben des Bürgers gebannt; je mehr das Staatswesen in der Mannigfaltigkeit seiner Aufgaben sich ausbildet, desto stärker macht sich auch seine Omnipotenz den einzelnen Bürgern gegen- über geltend. Wie mußte aber diese Übermacht des Staates, wenn sie wesentlich in der Hand eines Mannes, in Gestalt einer wirklich monarchischen Gewalt, ruhte, nicht auf viele ver- teilt war, in dem engen Raume und den kleinen Verhältnissen eines Stadtstaates wahrhaft erdrückend wirken, selbst wenn jene monarchische Gewalt an sich nicht eine ungesetzliche war!¹)

Und noch wichtiger ist ein zweites, mit dem eben berührten eng verbundenes Moment. Nach der griechischen Anschauung, die wir in gleicher Weise im spartanischen Staatswesen, wie im

---

¹) Von der Zeit der Tyrannenherrschaften, die ja eben auch nur eine Übergangsperiode war, habe ich natürlich hier nicht zu reden.

perikleischen Athen oder im platonischen Staate finden, soll die
Sittlichkeit sich vorwiegend oder fast ausschließlich im Bereiche
des Staatslebens, in der Teilnahme an seinen Aufgaben, mani-
festieren und entwickeln. Diese Anschauung scheint doch in derjenigen Staatsverfassung, welche die Bürger in weitestem Umfange zum Staatsleben heranzieht, ihnen die regste Beteiligung
an demselben ermöglicht, in wirksamster Weise zur Geltung zu
gelangen, und es kann somit, wenigstens in dieser Beziehung,
in der attischen Demokratie zur Zeit des Perikles, so wie uns
Thukydides deren Ideal in der berühmten Leichenrede des Perikles
zeichnet, in Wahrheit eine klassische Verkörperung des griechischen
Staatsgedankens[1]) gesehen werden. Als unbrauchbar, ἀχρεῖος,
erscheint von diesem Gesichtspunkte aus derjenige, der nicht
thätigen Anteil am Leben des Staates hat[2]).

Die rechte Staatsverfassung, die rechte Thätigkeit der
Bürger im Staate bedingt in der Hauptsache, wie die Sittlichkeit, so auch das Glück, die εὐδαιμονία derselben. Es ist dies

[1]) Ich wage, diesen Ausdruck zu gebrauchen trotz des lebhaften Wider-
spruches, der neuerdings dagegen erhoben worden ist, besonders energisch
z. B. von Poehlmann, Gesch. d. ant. Kommun. u. Sozial. I. S. 395, 1
(vgl. jetzt auch Hist. Zeitschr. N. F. Bd. 43 S. 388), und obgleich ich zu-
gestehe, daß vielfach damit Mißbrauch getrieben worden ist. Sed abusus
non tollit usum. Es ist hiermit ähnlich gegangen, wie mit der „germanischen Staatsidee". Man darf natürlich den hellenischen Staatsgedanken
nicht zu abstrakt, zu sehr losgelöst von den mannigfachen Wandlungen der
politischen Entwickelung, ihren verschiedenen Formen, betrachten, man darf
ihm nicht einen ein für allemal feststehenden, sich stets gleichbleibenden Inhalt unterlegen. Auch können wir nicht voraussetzen, daß er auf allen
Stufen der politischen Entwickelung, auch da, wo diese an sich noch unvoll-
kommener ist, gleichmäßig ausgeprägt sei. Aber gerade, wenn wir in den
am meisten ausgebildeten griechischen Staaten und in den hervorragendsten
politischen Theorien gewisse gemeinsame Grundzüge finden, die doch nicht
allein aus den allgemeinen Analogien staatlicher Entwickelung sich ableiten
lassen, Grundzüge, die ganz entschieden z. B. einen Unterschied vom germanischen Staate begründen, so scheint mir immer noch die Berechtigung vorhanden zu sein, von einem gemeinsamen Charakter griechischer Staatsan-
schauung zu sprechen.

[2]) Thuk. II. 40, 2.

ein Gedanke, den wir wieder ebenso in der attischen Demokratie, wie ihrem idealen Gegenbilde, dem platonischen Staate, finden. Plato will das Glück verwirklicht wissen durch die wahrhafte Gerechtigkeit, die im Staate walten soll; er kann dies nur erreichen durch eine „metaphysische Begriffsdichtung" — um den Ausdruck Dilthey's zu gebrauchen — indem er in dem Staate das Bild eines Menschen im Großen erblickt und das Verhältnis der zum Herrschen und Gehorchen bestimmten Teile des Menschen auf das Staatswesen überträgt.   Die athenische Demokratie sieht die Verwirklichung ihres Ideals in der Freiheit; die Freiheit liegt aber vor allem in dem Mitausüben der Herrschaftsrechte des Staates und ist deshalb unvereinbar mit der Monarchie: „nicht ein Mann gebeut in diesem Volke, sondern frei ist unsre Stadt; abwechselnd herrschen unter sich der Reihe nach im Jahr die Bürger," läßt Euripides den Theseus sagen[1]) und bezeichnet damit das Wesen der diesem demokratischen Staate zu grunde liegenden Anschauung.   Je mehr aber die Freiheit ein persönlicher Anteil an der Herrschaft war, desto stärker mußte auch die Monarchie als einseitiges Herrschaftsverhältnis eines Einzelnen, nicht als Personifikation der Macht und Einheit des Staatswesens empfunden werden.

Damit kommen wir auf eine weitere charakteristische Erscheinung, die mit dem, was wir soeben ausgeführt haben, in einem innerlichen Zusammenhange steht.   Wenn auf der einen Seite der Staat so übermächtig auftritt, so erhebt sich andererseits die Staatsauffassung im wesentlichen nicht über die Idee einer herrschenden Gesellschaft, der gegenüber, nach dem äußerst treffenden Wort eines tiefen deutschen Denkers[2]), auch die Obrigkeiten nichts anderes sind, als ihre Geschäftsführer; es

[1]) Eurip. Suppl. v. 404 ff.:

οὐ γὰρ ἄρχεται
ἑνὸς πρὸς ἀνδρὸς, ἀλλ' ἐλευθέρα πόλις.
δῆμος δ'ἀνάσσει διαδοχαῖσιν ἐν μέρει
ἐνιαυσίαισιν· u. s. w.

[2]) Lotze, Mikrokosmus. III³. S. 405.

fehlt die Anschauung von einer den jeweiligen Trägern der
Staatsgewalt gegenüber selbständigen Staatspersönlichkeit, die
ihr eigenes in der Geschichte sich entfaltendes und entwickelungs=
fähiges, von den Formen der Verfassung in gewissem Sinne
unabhängiges, jedenfalls ihnen übergeordnetes Leben hat[1]).
Hieraus erklärt es sich vor allem, daß die Monarchie, die an
sich, namentlich in ihrer Erblichkeit, besonders geeignet ist, den
Gedanken einer im Wechsel der Generationen sich gleichbleibenden,
von den verschiedenen Gesellschaftsklassen unabhängigen Staats=
gewalt zur Geltung zu bringen, im politischen Leben Griechen=
lands zu so geringer Bedeutung gelangt ist. Allerdings spielt
auch in dieser Richtung wieder die Beschränktheit des Stadt=
staates, die einer nationalen Entwickelung so wenig günstig war,
eine nicht unwichtige Rolle.

Aus den im Vorstehenden dargelegten Gründen ergiebt sich
nun aber auch, daß und warum die Staatsidee überhaupt auf
die Dauer nicht die Kraft entwickeln konnte, die ihr an sich bei
ihrer energischen Geltendmachung in der Doktrin und im
Leben der Hellenen, innezuwohnen scheint. Die Bürger, welche
die herrschende Gesellschaft bilden, bemächtigen sich in gewissem
Sinne des Staates und machen ihn so für ihre eigenen Zwecke
nutzbar und wirksam. Es kann für die unbefangene Betrachtung
doch kaum einem Zweifel unterliegen, daß auch im perikleischen
Athen sich Ansätze zu dieser Entwickelung, zur Überwucherung
des Staatsgedankens durch die Interessen der herrschenden Ge=
sellschaft, mittelbar somit einzelner Individuen, die sich diese
Interessen dienstbar zu machen vermögen, finden. In derselben
Zeit, in der, — man kann wohl sagen — die politischen Ge=
danken der Hellenen ihre glänzendste Ausprägung empfangen,
sehen wir in gewisser Richtung zugleich die Wurzeln des Staats=

---

[1]) Wir sind bei dieser Erörterung zunächst von der athenischen Demo=
kratie ausgegangen, doch hat sie nicht bloß für diese, sondern weit all=
gemeinere Geltung; jedenfalls ist die oben dargelegte Schranke staatlicher
Auffassung und politischer Entwickelung im griechischen Altertum im wesent=
lichen nicht überschritten worden; auch die spätere philosophische Theorie ist,
wie wir noch sehen werden, in der Hauptsache nicht darüber hinausgekommen.

lebens bedroht. Perikles hat in weitestem Umfange den Grundsatz durchzuführen gestrebt, daß der Staat nicht nur den be-
dürftigen Bürgern ihren Unterhalt verschaffen oder wenigstens
erleichtern, sondern vor allem, daß er jedem einzelnen Bürger
die Möglichkeit gewähren müsse, in thätiger Weise sich an den
Aufgaben des Staatslebens zu beteiligen, wenn auch nicht in
jener schroffen und harten Form, wie dies in Sparta in bezug
auf die herrschende Gemeinde geschah, oder, wie es Platon in
seinem Idealstaate für die herrschenden Stände durchführen
wollte. Die Gefahr, daß da das Bewußtsein des Rechtes am
Staate, des Nutzens, den dieser den Bürgern brachte, sich immer
einseitiger ausbildete, lag um so näher, da die Mittel für die
Durchführung einer solchen Politik großenteils von unterthänigen
Gemeinden aufgebracht wurden[1]).

Es ist nun hier nicht der Ort, der weiteren Entwickelung
der attischen Demokratie und der in ihr wirksamen politischen
Gedanken nachzugehen; für den Zweck unserer Darlegung genügt es, ein wichtiges Resultat hervorzuheben, das sich eben
aus dieser Entwickelung ergab; es ist dies ein schrankenloser
Individualismus, der scheinbar in schroffstem Gegensatze zur
omnipotenten Staatsidee stand, aber doch daraus sich erklärt,
daß der Staatsgedanke, die Staatsgewalt immer einseitiger vom
Interesse der herrschenden Mehrheit okkupiert wurden, daß der
Staat immer mehr zu einem „Gemeingut wurde, zu einem
allen Individuen gleich nützlichen Werkzeug zur harmonischen
Befriedigung aller legitimen Interessen, zur Verwirklichung des
bonheur commun"[2]). Wenn nun die herrschende Gesellschaft
des souveränen Demos im vollen Bewußtsein ihrer unumschränkten
Macht sich selbst als Gesetz erschien, das „ὅτι ἂν δόξῃ τῷ δήμῳ"
immer mehr zur höchsten oder ausschließlichen Instanz im
staatlichen Leben wurde, wenn die einzelnen Bürger dadurch, daß

[1]) Von der Sklaverei rede ich hier nicht; die übertriebene Bedeutung,
die man ihr früher beimaß, auf ein richtigeres Maß reduziert zu haben,
ist namentlich Belochs Verdienst; ihre Wichtigkeit auch für die perikleische
Zeit wird man deshalb immer nicht bestreiten dürfen.
[2]) Dietzel, Zeitschr. f. Litter. u. Gesch. d. Staatsw. I. 1893. S. 10.

sie Glieder des herrschenden Demos waren, die Staatsgewalt
vielfach in den Dienst ihrer eigenen Interessen zwangen, lag
darin nicht für das einzelne Individuum die Aufforderung, sich
nach dem Maße seiner Kraft, in der es sich dem vielköpfigen
Demos überlegen wußte, zur Geltung zu bringen und die Machtmittel, die der Gesamtheit, d. h. in der Hauptsache der herrschenden Mehrheit, zur Verfügung standen, für seine persönlichen
Zwecke nutzbar zu machen?

So entstand, gerade auf dem Boden der ausgebildetsten
Demokratie, eine eigentümlich individualistische Tendenz, ich möchte
sagen, eine geistige Stimmung, die wohl dazu beitragen konnte,
einer monarchischen Staatsordnung die Wege zu bereiten.

— —

Zweites Kapitel.

Die Entwickelung der monarchischen Theorie unter dem Einflusse der Sophistik und der Sokratischen Philosophie.

Die Richtung auf die (monarchische) Geltendmachung der
eigenen Persönlichkeit, die wir soeben aus Momenten der politischen und sozialen Entwickelung abgeleitet haben, wurde nun
wesentlich gesteigert und erhielt ihren eigentlichen Ausbruck erst
unter der Einwirkung der großen geistigen Bewegung, die in
der zweiten Hälfte des 5. Jahrhunderts eintrat, die wir gewöhn-
lich, wenn auch nicht durchaus treffend, mit dem Gesamtnamen
der Sophistik bezeichnen. Es ist nicht möglich, in der Sophistik
einen einheitlichen Gedankenkreis, bestimmte, mit ihrem Wesen
verbundene Anschauungen zu erkennen; es sind verschiedene Gedanken, verschiedene Geister, die sich hier zusammenfinden; aber
eine gewisse zentrale Bedeutung wird man doch immerhin dem
Worte des Protagoras: „der Mensch ist das Maß aller Dinge,

der seienden, daß sie sind, der nicht seienden, daß sie nicht
sind" beilegen dürfen, insofern es das eigentlich Neue und
Wirksame, was der Sophistik im Gange der geistigen Entwickelung ihre Bedeutung sichert, zum Ausdruck bringt. Wenn auch
wohl nicht in dem Sinne, daß nun alles in das willkürliche
Belieben jedes Einzelnen gestellt wurde[1]) — denn dem würde,
wie man mit Recht bemerkt hat, widersprechen, daß Protagoras
als die unumgänglichen Grundlagen jeder menschlichen Gemein-
schaft die $\delta i\kappa\eta$ und die $ai\delta\dot{\omega}\varsigma$ ansah[2]), — so enthält doch jener
Ausspruch ein Prinzip der Subjektivität, das in seinen weiteren
Konsequenzen wohl geeignet war — in Verbindung mit den
vorher besprochenen politischen Momenten und auf der Grundlage einer reich entwickelten Kultur, welche die Kräfte und Hilfs-
mittel einzelner Persönlichkeiten in vorher ungeahnter Weise
steigerte — das Subjekt in einen entschiedenen Gegensatz zu
den überlieferten objektiven Ordnungen, den politischen, wie
religiösen, die ja auch in engem Zusammenhang unter einander
standen, zu bringen. Wie das 15. und 16 Jahrhundert unserer
Zeitrechnung uns in der italienischen Renaissance das Bestreben
zeigt, in rücksichtsloser Geltendmachung der einzelnen, herrschenden Individualität deren Interessen alles zu unterwerfen, in
der Reformation dagegen das Prinzip einer tiefen Innerlichkeit
und Subjektivität als Grundlage einer neuen, allgemeinen
Lebensordnung, so finden wir in Griechenland am Ende des
5. und Anfang des 4. Jahrhunderts einerseits schrankenlose
individualistische Machttheorien, die das, was dem Einzelnen,
der starken Persönlichkeit, dient, zum Maßstabe und zur Grundlage aller Verhältnisse zu machen trachten, andererseits den
Versuch, von dem denkenden Subjekte aus ein Fundament zu

---

[1]) Ich schließe mich im allgemeinen der generellen Deutung des Ausspruches des Protagoras an, wie sie neuerdings namentlich Gomperz dargelegt hat (Gr. Denker I. S. 361 ff.), wenn ich auch glauben möchte, daß
dieser ausgezeichnete Forscher hier, wie in einigen anderen Fällen, in einer
interessanten, aber doch etwas modernisierenden Auffassung dem antiken Gedanken eine zu große Tragweite beigemessen habe.

[2]) Plato Protag. p. 322 c.

gewinnen für eine neue, objektive, allgemein verpflichtende Ordnung.

Eine besondere Bedeutung gewann nun für die ethischen und politischen Anschauungen die im Zeitalter der Sophistik aufkommende Unterscheidung zwischen Natur und menschlicher Satzung, dem, was φύσει und dem, was νόμῳ ist. Auch hier wieder hat wohl die politische Entwicklung, wie sie vielleicht in gewissem Sinne durch die geistige Bewegung beeinflußt war, andererseits auf diese eingewirkt; eine je wichtigere Rolle gerade die vielfach wechselnden und einander oft widersprechenden Psephismata des Volkes in dem gesamten politischen Leben spielten, je mehr sie die Grundlagen des Staatswesens bestimmten, in desto stärkerem Maße mußte die Ehrfurcht vor den alten, heiligen Ordnungen, der Glaube an solche unbedingt verpflichtende Gesetze zurücktreten und der „Herrscher Gesetz" mehr unter den Gesichtspunkt des Willkürlichen fallen, mehr die Züge jenes vielköpfigen souveränen Demos selbst annehmen, der durch seine Beschlüsse alle Bürger des Staates absolut zu binden beanspruchte [1]).

Das Gerechte, so lehrte zuerst der jonische Naturphilosoph Archelaos, und das Ungerechte bestehe nicht von Natur, sondern durch die (menschliche) Satzung [2]). Das, was durch die Satzung der Menschen begründet worden sei, so führte man weiter in diesem Sinne aus, habe man gesetzmäßig und gerecht genannt. [3])

---

[1]) Eine Andeutung dieses Gedankens können wir übrigens, wie mir scheint, darin finden, daß Hippias von Elis, der sich besonderes Verdienst um die Unterscheidung von φύσις und νόμος erwarb (vgl. im allgemeinen über ihn namentlich Dümmler, Akademika, S. 247 ff.), bei Xenophon, Memorab. IV. 4, 14 sagt: νόμους δ', ὦ Σώκρατες, πῶς ἄν τις ἡγήσαιτο σπουδαῖον πρᾶγμα εἶναι ἢ τὸ πείθεσθαι αὐτοῖς, οὕς γε πολλάκις αὐτοὶ οἱ θέμενοι ἀποδοκιμάσαντες μετατίθενται;

[2]) Diog. Laert. II. 16: καὶ τὸ δίκαιον εἶναι καὶ τὸ αἰσχρὸν οὐ φύσει, ἀλλὰ νόμῳ. Ähnlich Aristippos, der Begründer der kyrenaischen Schule (Diog. Laert. II. 93).

[3]) Plato de rep. II. 359 a: καὶ ὀνομάσαι τὸ ὑπὸ τοῦ νόμου ἐπίταγμα νόμιμόν τε καὶ δίκαιον καὶ εἶναι δὴ ταύτην γένεσίν τε καὶ οὐσίαν δικαιοσύνης.

Diese Lehre entwickelte sich im Zusammenhange mit der Anschauung von einem ursprünglichen wilden und tierähnlichen
Leben[1]), wo „das Gesetz nicht geachtet war, die Gewalt aber
bei Zeus thronte, der Schwache ein Raub des Stärkern war"[2]).
Aus diesem Naturzustande befreiten sich die Menschen dadurch,
daß sie Gesetze zum Schutze des Schwachen gaben[3]). Es wurden
aber nun nicht nur die Ordnungen des Staates auf mehr oder
minder willkürliche Satzungen der Menschen, die Verträgen ähnlich waren und bei Platon[4]) auch geradezu so genannt werden,
— der Anfang der berühmten Vertragstheorie — zurückgeführt,
sondern auch das, was für das fromme Bewußtsein der Hellenen
aller staatlichen Ordnung ihre Sanktion verlieh, mit ihr auf
das engste verbunden war, das Dasein der heimischen Gottheiten,
wurde als Erfindung der Menschen, um auch heimliches Unrecht
und Frevel zu hindern, bezeichnet, wie dies vor allem durch
Kritias in ausführlicher Weise geschehen ist[5]). An sich lag nun
in der Ableitung der Gerechtigkeit aus der menschlichen Satzung

---

[1]) Kritias bei Sext. Empir. IX. 54:

$$\tilde{\eta}\nu \chi\rho\acute{o}\nu o\varsigma \ \ddot{o}\tau' \ \tilde{\eta}\nu \ \ddot{a}\tau a\kappa\tau o\varsigma \ \dot{a}\nu\vartheta\rho\acute{\omega}\pi\omega\nu \ \beta\acute{\iota}o\varsigma$$
$$\kappa a\grave{\iota} \ \vartheta\eta\rho\iota\acute{\omega}\delta\eta\varsigma, \ \iota\sigma\chi\acute{\upsilon}o\varsigma \ \tau' \ \dot{\upsilon}\pi\eta\rho\acute{\epsilon}\tau\eta\varsigma.$$

(vgl. Eurip. Suppl. 201 f.:

$$a\iota\nu\tilde{\omega} \ \delta' \ \ddot{o}\varsigma \ \dot{\eta}\mu\tilde{\iota}\nu \ \beta\acute{\iota}o\tau o\nu \ \dot{\epsilon}\kappa \ \pi\epsilon\phi\upsilon\rho\mu\acute{\epsilon}\nu o\upsilon$$
$$\kappa a\grave{\iota} \ \vartheta\eta\rho\iota\acute{\omega}\delta o\upsilon\varsigma \ \vartheta\epsilon\tilde{\omega}\nu \ \delta\iota\epsilon\sigma\tau a\vartheta\mu\acute{\iota}\sigma a\tau o).$$

[2]) Moschion frg. 7 p. 633 Nauck. Stob. ecl. I. 8, 38 Wachsm.
v. 16 ff.: $\tilde{\eta}\nu \ \delta' \ \dot{o} \ \mu\grave{\epsilon}\nu \ N\acute{o}\mu o\varsigma$

$$\tau a\pi\epsilon\iota\nu\grave{o}\varsigma, \ \dot{\eta} \ B\acute{\iota}a \ \delta\grave{\epsilon} \ \sigma\acute{\upsilon}\nu\vartheta\rho o\nu o\varsigma \ \Delta\iota\acute{\iota},$$
$$\dot{o} \ \delta' \ \dot{a}\sigma\vartheta\epsilon\nu\grave{\eta}\varsigma \ \dot{\epsilon}\nu \ \tau\tilde{\omega}\nu \ \dot{a}\mu\epsilon\iota\nu\acute{o}\nu\omega\nu \ \beta o\rho\acute{\eta}.$$

[3]) Kritias a. O. v. 5 f.:

$$\kappa\ddot{a}\pi\epsilon\iota\tau\acute{a} \ \mu o\iota \ \delta o\kappa o\tilde{\upsilon}\sigma\iota\nu \ \ddot{a}\nu\vartheta\rho\omega\pi o\iota \ \nu\acute{o}\mu o\upsilon\varsigma$$
$$\vartheta\acute{\epsilon}\sigma\vartheta a\iota \ \kappa o\lambda a\sigma\tau\acute{a}\varsigma, \ \ddot{\iota}\nu a \ \delta\acute{\iota}\kappa\eta \ \tau\acute{\upsilon}\rho a\nu\nu o\varsigma \ \tilde{\eta}.$$

vgl. auch Plato Gorg. p. 483 b.

[4]) de rep. II. 359 a.

[5]) Vgl. Sext. Empir. a. O. Cic. de nat. deor. I. 42, 118. de rep.
I. 36, 56. In etwas anderem, aber doch verwandtem Sinne bezeichnete der
Kyrenaiker Theodoros die sittlichen Gebote als Bestimmungen, die dazu
gegeben seien, die Unverständigen ($\ddot{a}\phi\rho o\nu\epsilon\varsigma$) einzuschüchtern und im Zaum
zu halten; einen Verstoß dagegen sah er nicht als etwas, was $\phi\acute{\upsilon}\sigma\epsilon\iota \ a\iota\sigma\chi\rho\acute{o}\nu$
sei, an (Diog. Laert. II. 99).

durchaus nicht notwendig, daß man damit diese Satzung als
unverbindlich für die Menschen bezeichnen wollte; wir können
darin vielmehr Anfänge einer positivistisch gerichteten Ethik
sehen, wie eine solche später Karneades ausführlich begründete,
der gewiß diese justitia civilis, d. h. eine Gerechtigkeit, die
nicht φύσει, sondern νόμῳ oder θέσει ist, damit nicht in ihrer
Bedeutung für die menschliche Gemeinschaft bestreiten, sondern
nur ausdrücken wollte, daß sie keine absolute, von der überein-
stimmenden Satzung der Menschen unabhängige Grundlage
habe. Es war aber eine begreifliche Konsequenz jener neuen
Theorien, daß man das natürliche Recht des Einzelnen dem
νόμος, den die Masse im Bewußtsein ihrer Schwäche aufgestellt,
entgegensetzte; das Naturrecht erschien so als ein Recht des
Stärkeren; wenn das Gesetz die Gleichheit der Bürger bewirkte
und den Anhängern des demokratischen Staats das Prinzip
der Gleichheit als die Grundlage aller wahrhaft staatlichen
Ordnung galt[1]), so betonten die Verfechter des Rechts des
Stärkeren die von Natur bestehende Ungleichheit[2]), sahen in
den Gesetzen, welche die Gleichheit beförderten, geradezu etwas
Naturwidriges[3]) und betonten, daß das Individuum, dem in
seiner Natur die Mittel und Kräfte dazu gegeben seien, das
Recht und die Pflicht habe, sich über die, welche von Natur
zum Gehorchen bestimmt seien, zum Herrn zu erheben[4]). Und

---

[1]) Vgl. Plato Gorg. p. 484 a: λέγοντες, ὡς τὸ ἴσον χρὴ ἔχειν καὶ
τοῦτό ἐστι τὸ καλὸν καὶ τὸ δίκαιον. Eurip. Phoen. v. 535 ff.:

κεῖνο κάλλιον, τέκνον,
ἰσότητα τιμᾶν, ἢ φίλους ἀεὶ φίλοις
πόλεις τε πόλεσι συμμάχους τε συμμάχοις
συνδεῖ. τὸ γὰρ ἴσον νόμιμον ἀνθρώποις ἔφι.

Vgl. auch Arist. Pol. 1310 a 30.

[2]) Eurip. a. O. v. 501 f.

[3]) Plato Gorg. 484 a. 492 c.

[4]) Vgl. auch Eurip. Phoen. v. 503 ff.:

ἄστρων ἂν ἔλθοιμ' ἡλίου πρὸς ἀντολὰς
καὶ γῆς ἔνερθε δυνατὸς ὢν δρᾶσαι τάδε,
τὴν θεῶν μεγίστην ὥστ' ἔχειν τυραννίδα.

vgl. Archelaos frg. 252 N.: τυραννίδ' ἢ θεῶν δευτέρα νομίζεται).

v. 509 f.: ἀνανδρία γὰρ, τὸ πλέον ὅστις ἀπολέσας τοὔλασσον ἔλαβε.

wenn sich dieses Ziel nicht erreichen lasse ohne Vergewaltigung des Schwächeren, so sei eben das, was die große Masse der Menschen Unrecht nenne, das höchste Recht des Starken[1]). Es ist also dasselbe Recht, das Hobbes als ein für den Naturzustand geltendes bezeichnet[2]), nur daß er die Möglichkeit der dauernden Aufrechterhaltung einer solchen Herrschaftsstellung — wegen der wesentlichen Gleichheit der Menschen, wie er im Gegensatze zu jenen antiken Sophisten behauptet — leugnet.

So tritt das persönliche Herrscherrecht, das auf die Vorzüge einer starken Individualität gegründet ist, in die Erscheinung[3]). Daß allerdings eine so begründete Monarchie nicht zu einem organischen Gebilde des antiken Staates werden, sondern nur in einzelnen mehr oder weniger glänzenden Beispielen praktisch auftreten konnte, leuchtet ein. Und bennoch ist dieser Individualismus für die folgende Entwickelung nicht ohne Bedeutung gewesen und hat dazu beigetragen, die monarchischen Tendenzen zu verstärken; gottähnlich erhebt sich nach dieser Theorie das Individuum, das in sich selbst die Macht fühlt, den andern Menschen ein „lebend Gesetz" zu sein, durch eigene Kraft das zu leisten, was nach der frommen Anschauung der Vorfahren die hehren Götter des Staates und die heiligen Gesetze, die unter ihrem Schutze standen, wirkten, und so den

---

[1]) Platon hat gewiß, wie er dies auch sonst gethan hat, seinen künstlerischen und philosophischen Intentionen entsprechend, der wundervollen Darlegung dieser Theorien, wie er sie im Staate dem Thrasymachos und namentlich im Gorgias dem Kallikles in den Mund legt, einen stark pointierten Charakter verliehen; aber selbst wenn Kallikles, was mir wenig wahrscheinlich dünkt, eine fingierte Persönlichkeit wäre, so tragen doch seine Äußerungen das Gepräge innerer Wahrscheinlichkeit und werden auch durch verwandte Aussprüche, so die erwähnten des Euripides, denen sich gewiß noch andere anreihen ließen, bestätigt. Ich füge hier nur noch eine Stelle aus den Phoenissen hinzu, V. 524 f.: εἴπερ γὰρ ἀδικεῖν χρή, τυραννίδος πέρι κάλλιστον ἀδικεῖν.

[2]) de cive I. 14 (Op. ed. Molesworth II. 167): »potentiam certam et irresistibilem jus conferre regendi imperandique in eos, qui resistere non possunt«.

[3]) Vgl. Plato Gorg. p. 484 a.

Bestand des Staates in seiner Person darzustellen und zu
sichern.

Viel wichtiger aber und in seinen Folgen weiter und tiefer=
greifend, als die eben besprochene individualistische Machttheorie,
ist der Versuch, den gleichzeitig die Philosophie machte, eine
neue, allgemein gültige Grundlage, wie für das Leben
überhaupt, so für das staatliche insbesondere zu gewinnen. Die
Wirkungen, die hiervon ausgingen, haben mehr, als die Lehren
einzelner Sophisten, dazu beigetragen, das Wesen des antiken
Staates umzubilden. Von der Sokratischen Philosophie an
beginnt der verhängnisvolle, tragische Konflikt zwischen dem be=
stehenden, insbesondere dem demokratischen, Staate und der
höheren, philosophischen Intelligenz, der zuletzt teilweise geradezu
ein Kampf der Philosophie gegen den hellenischen Staat und
Staatsgedanken überhaupt wird; hier wird der Grund gelegt
zu jener sich immer erweiternden Kluft zwischen der großen
Masse der unter der Herrschaft gewohnheitsmäßigen Rechtes
und gewohnheitsmäßiger Vorstellungen dahin lebenden Menschen
oder Bürger und dem auserwählten Stande der Philosophen,
die, in ihrem Denken sich selbst Gesetz, nicht der dumpfen und
trüben Vorstellungswelt der Menge und den daraus abgeleiteten
Gesetzen unterworfen werden dürfen.

Wie ist nun diese Entwickelung in der Sokratischen Philo=
sophie begründet und mit welchem Rechte können wir insbesondere
sagen, daß diese Philosophie der Monarchie die Wege geebnet
habe?

Es kommt hier auf das neue Prinzip des Sokratischen
Denkens an, nicht auf die einzelnen Lehren, die ja auch bei
der eigentümlichen Art der Berichte über Sokrates vielfach nicht
mit Sicherheit festgestellt werden können. Dieses Prinzip ist
bekannt; es besteht darin, daß nur das die einzelnen Vor=
stellungen zu Begriffen zusammenfassende Denken wahrhafte Er=
kenntnis, wahrhaftes Wissen verleiht, und daß die Tugend allein
in diesem begrifflichen Wissen begründet ist, alle also, die dieses
Wissen haben, tugendhaft sein müssen, diejenigen aber, denen
es fehlt, nicht tugendhaft sein können, wenngleich sie nur

aus Unwissenheit über das Gute, das zugleich das Nützliche ist, sündigen.

Es leuchtet ein, von welcher Bedeutung diese Theorie in ihren Konsequenzen für das gesamte staatliche Leben sein, wie dieses in seinen Fundamenten umgewandelt werden mußte. Nur, wer durch vernünftiges Erkennen wahres Wissen gewann, konnte in rechtem Sinne die staatlichen Aufgaben erfüllen, an der Verwaltung, Gesetzgebung, Gericht sich beteiligen. Die Gerechtigkeit sollte im Staat verwirklicht werden; nur wer wußte, was gerecht sei, wer den Begriff der Gerechtigkeit erfaßt hatte, konnte als wahrer Bürger — im höheren Sinne — angesehen werden[1]); dieses Bürgertum trat dem des demokratischen Staates gegenüber, in dem jedem Bürger in gleicher Weise, wenn er nur die Gesetze erfüllte, die Rechte und Pflichten des Staates zufielen. Wohl erklärte Sokrates das Gerechte und Gesetzmäßige, das δίκαιον und νόμιμον, für identisch[2]); aber als wahrhaftes Gesetz konnte doch nur das gelten, was sich dem prüfenden Denken als übereinstimmend mit der Vernunft offenbarte; Gesetze geben konnte also nicht die Masse des Volkes, die hin und her wogte unter dem Drucke wechselnder, unberechenbarer und sich widerstreitender Empfindungen und Vorstellungen; wahrhaft verpflichtend konnte nur das sein, was keine Verschiedenheit der Meinungen duldete, keine wechselnden Beschlüsse hervorrief[3]); das Richteramt konnten wirksam nur diejenigen ausüben, die allgemein das Gerechte vom Ungerechten begrifflich zu unterscheiden wußten; den Staat zu verwalten waren unfähig die, welche ohne wirkliches Sachverständnis vom Volke gewählt oder ausgelost waren[4]), und es war eine bittere Kritik der demokratischen Einrichtungen, wenn Antisthenes den

---

[1]) Dem entsprechend werden auch in dem (persischen) Idealstaate der Kyropädie die Knaben in die Schulen der Gerechtigkeit geschickt (εἰς τὰ κοινὰ τῆς δικαιοσύνης διδασκαλεῖα).

[2]) Vgl. Xen. Mem. IV. 4, 13 ff. Cyrop. I. 3, 17.

[3]) In diesem Sinne sagt der Stoiker Musonius bei Stob. flor. 48, 67: ὥστε καὶ περὶ τῶν δικαίων ὁμονοοῦν ὄν, εἴπερ ᾔδεσαν, ἅτινα ἐστίν.

[4]) Vgl. Xen. Mem. I. 2, 9. III. 9, 10.

Vorschlag machte, die Athener möchten durch Volksbeschluß die
Esel zu Pferden machen[1]). Nur ein solches Staatswesen, in
dem die guten, d. h. durch vernünftiges Denken gebildeten, und
die schlechten, d. h. solchem Denken unzugänglichen Bürger von
einander geschieden wurden, beruhte auf gesunden Grundlagen,
war vor dem Untergange sicher[2]).

In diesen Gedanken ist offenbar ein wichtiger, auch für
das praktische politische Leben brauchbarer Kern enthalten; es
ist dies die Anschauung von einem auf Sachverständnis gegründeten Beamtentum, das eben dadurch zur Leitung des
Staates berufen ist, diese als seine eigentliche und besondere
Lebensaufgabe erhält. Platon hat nachher diese Idee, die ebenso
aus der philosophischen Lehre sich ergab, wie sie durch die Er-
fahrungen des staatlichen Lebens nahe gelegt wurde, in großem
Zusammenhange zu eigenartiger Ausführung gebracht, und auch
von der mehr populären Doktrin ist sie aufgenommen worden,
so z. B. von Isokrates in seinem Nikokles. Trotzdem hat sie
für das politische Leben, wenigstens in der nächsten Zeit, nicht

---

[1]) Diog. Laert. VI. 8. Wie antidemokratisch die Anschauung des
Sokrates war, geht — abgesehen von dem allgemeinen Charakter seiner
Lehre — noch besonders daraus hervor, daß er nach Xen. Mem. IV.
6, 12 das auf Grund der Gesetze bestehende monarchische Regiment und die
aristokratische Verfassung, ὅπου ἐκ τῶν τὰ νόμιμα ἐπιτελούντων αἱ ἀρχαὶ
καθίστανται, auf das Schärfste der Demokratie als derjenigen Verfassung,
wo die Ämter aus allen ununterschiedlich bestellt werden, gegenüberstellte (vgl.
auch Mem. III. 9, 10); wir werden nur das νόμιμον im Sokratischen, nicht,
wozu hier wie auch sonst (vgl. IV. 4, 13 ff.) der Wortlaut veranlassen könnte,
im gewöhnlichen, volkstümlichen Sinne aufzufassen haben. Solche Äußerungen wie die Platons Polit. 293 a: ἑπόμενον δὲ οἶμαι τούτῳ τὴν μὲν ὀρθὴν
ἀρχὴν περὶ ἕνα τινὰ καὶ δύο καὶ παντάπασιν ὀλίγους δεῖν ζητεῖν, ὅταν
ὀρθὴ γίγνηται, ebenso 297 b: ὡς οὐκ ἄν ποτε πλῆθος οὐδ' ἀντινωοῦν τὴν
τοιαύτην λαβὸν ἐπιστήμην οἷόντ' ἂν γένοιτο μετὰ νοῦ τοῦ διοικεῖν πόλιν,
ἀλλὰ περὶ σμικρόν τι καὶ ὀλίγον καὶ τὸ ἓν ἐστι ζητητέον τὴν μίαν ἐκείνην
τὴν πολιτείαν τὴν ὀρθήν, sind jedenfalls durchaus im Sinne des Sokrates
und müssen zum Verständnis seiner Lehre in Ergänzung der Xenophonteischen
Stellen herangezogen werden. Vgl. auch z. B. noch die die kynische Auffassung
wiedergebenden, sehr verwandten Ausführungen bei Dio Chrys. III. 45 ff

[2]) So sagte Antisthenes: τότ' (ἔφη) τὰς πόλεις ἀπόλλυσθαι, ὅταν μὴ
δύνωνται τοὺς φαύλους ἀπὸ τῶν σπουδαίων διακρίνειν (Diog. Laert. VI. 5).

viel praktische Geltung gewonnen; ihre Bedeutung ergibt sich uns mehr vom Gesichtspunkte allgemeiner historischer Betrachtung aus; für unsere Erörterung ist es vornehmlich wichtig, den Widerspruch hervorzuheben, in dem sie zu der herrschenden demokratischen Auffassung, der ihr zugrundeliegenden Anschauung von der Freiheit, stand.

Der Gegensatz zwischen dem bestehenden Staat und der Philosophie[1]) ist allerdings noch ein allgemeinerer; bereits in der Lehre des Sokrates wird der Grund zu jenem Vernunftstaate gelegt, der in der Folgezeit mehr oder weniger die philosophischen Theorien über das staatliche Leben beherrscht; dem Positiven, geschichtlich Gegebenen, Gewohnheitsmäßigen, nicht durch und in Begriffe Auflösbaren tritt hier das souveräne, vernunftgemäße Denken mit dem Anspruche gegenüber, alles Gegebene seiner Gewalt zu unterwerfen, in sein eigenes Wesen und Wirken aufzunehmen und umzubilden. Dem Gesetze des empirischen Staates stellt sich das Gesetz der Tugend entgegen[2]), an das der Weise gebunden ist, das ein höheres Recht beansprucht als die Ordnungen des bestehenden Staatswesens. Allerdings hat Sokrates selbst dies noch nicht ausgesprochen, aber es lag doch in der Konsequenz seines Prinzipes, demzufolge er alle Tugendübung, vor allem also auch die politische, lediglich auf das begriffsmäßige Wissen basierte. Er ist nicht etwa prinzipiell für ein selbständiges Recht des Individuums gegenüber dem Staate eingetreten; er wollte vielmehr den Staat leistungsfähiger machen, geeigneter, die ihm zukommenden Aufgaben zu erfüllen; er wollte diejenigen, mit denen er verkehrte, durch seine Lehre instand setzen, in wirksamerer Weise sich am politischen Leben zu beteiligen[3]); aber er hat eben den Staat

---

[1]) Dies gilt allerdings in der Hauptsache nur von der von Sokrates ausgehenden Philosophie; die politische Anschauung Demokrits z. B. war offenbar eine wesentlich andere.

[2]) Vgl. Antisth. bei Diog. Laert. VI. 11: καὶ τὸν σοφὸν οὐ κατὰ τοὺς κειμένους νόμους πολιτεύεσθαι, ἀλλὰ κατὰ τὸν τῆς ἀρετῆς.

[3]) Xen. Mem. I. 6, 15: ποτέρως δ᾽ ἄν, ἔφη, ὦ Ἀντιφῶν, μᾶλλον τὰ πολιτικὰ πράττοιμι, ἢ εἰ ἐπιμελοίμην τοῦ ὡς πλείστους ἱκανοὺς εἶναι

auf eine ganz andere Grundlage gestellt und bei dieser neuen
Grundlegung dem Individuum, allerdings nur dem philosophi-
schen, begriffsmäßig denkenden Individuum eine ausschlaggebende
Bedeutung zugemessen. Thatsächlich hat er ja schon durch seine
Zurückhaltung vom Staatsleben und noch mehr durch sein
Martyrium ein höheres Recht des Individuums verfochten und
zur Geltung gebracht; wenn der Platonische Bericht in der
Apologie[1]) der geschichtlichen Wahrheit entspricht, so hat es
Sokrates in seiner Verteidigungsrede geradezu ausgesprochen,
daß der, welcher in Wahrheit für die Gerechtigkeit kämpfe, ge-
zwungen sei, sich von der politischen Thätigkeit fernzuhalten.

So gewinnt bereits in der Philosophie des Sokrates eine
bestimmte Klasse von Individuen eine ganz einzigartige Wichtigkeit für den Zukunftsbau eines den wahren Anforderungen der
Vernunft entsprechenden Staates; die Philosophie wird nicht
allein, allgemein und abstrakt genommen, die Lehrmeisterin für
dieses Staatswesen, sondern die philosophischen Persönlichkeiten
werden die Gesetzgeber und die Leiter desselben; bereits von
den Voraussetzungen der Sokratischen Lehre aus begreifen wir
die Konsequenz, die der genialste Schüler des Meisters zog.
indem er den Satz aussprach, daß es nur dann im Staate
besser werden könne, wenn die Philosophen Könige würden,

πράττειν αὐτά; Dieser Ausspruch gibt doch wohl ein authentischeres Bild
der Sokratischen Auffassung, als die Ausführungen in der Platonischen
Apologie (c. 26 p. 36), in denen Sokrates es als das Hauptziel seiner
Thätigkeit bezeichnet, jeden Einzelnen vor allem zur Sorge für seine innere
Ausbildung anzuhalten. Eine solche Anschauung konnte wohl aus der
Sokratischen Doktrin abgeleitet werden, trägt aber doch schon Platonisches
Gepräge und ist kaum mit der Lehre des Sokrates vom Tugendwissen
vereinbar, wie dies neuerdings Gomperz (Gr. Denker II. S. 86) mit Energie
betont hat.

[1]) C. 19 p. 32 a. Vgl. die analogen Erörterungen im Platonischen
Staat IX. p. 592 a. Doch scheint es mir fraglich, ob die von Plato dem
Sokrates in den Mund gelegte Äußerung in der Form authentisch ist und
nicht zunächst nur die Auffassung Platos, die das Bild des durch die Un-
gerechtigkeit seiner Mitbürger zur politischen Unthätigkeit verurteilten Mär-
tyrers in jenem Ausspruche rein und hell erstrahlen lassen will, wiedergibt.

ober die Könige Philosophen[1]); es bildet sich die Idee von solchen, durch ihre eigene philosophische Tüchtigkeit zum Herrschen bestimmten Individuen (βασιλικὸς oder μοναρχικός oder auch ἀρχικὸς ἀνήρ), eine Idee, die in der eigenen Persönlichkeit des Sokrates für seine Anhänger eine vorbildliche Bedeutung gewann.

Die Vernunft, wie sie in einzelnen Individuen Gestalt und Leben annahm, mußte also die Herrschaft im Staate erhalten; wie nun aber, wenn das δίκαιον, wie es die Philosophen auffaßten, sich überhaupt nicht mehr im Staate realisieren ließ? Mußte dann nicht der Weise aus dem der Vernunftlosigkeit anheimgegebenen Staatswesen fliehen? Damit war dann im wesentlichen der Staatsgedanke selbst aufgelöst; der Staat war nicht mehr die natürliche Lebenssphäre, in der der Einzelne die Gerechtigkeit und Freiheit verwirklichen sollte; es gab eine andere Sphäre, eine solche der individuellen Sittlichkeit, für die philosophischen Individuen, mochte sie nun mehr theoretischer Natur sein, wie bei Plato, oder mehr praktischen Forderungen dienen, wie in der kynischen Schule.

So sehen wir denn von der Sokratischen Lehre zwei Entwickelungsreihen des griechischen philosophischen Denkens ausgehen, die beide auch für die politische Entwickelung bedeutungsvoll geworden sind; in der einen sucht die philosophische Gerechtigkeit sich des Staates zu bemächtigen, ihn zu bemeistern, in der andern zieht sie sich auf sich selbst zurück; in der Platonischen Philosophie gehen beide Anschauungen und Entwickelungslinien noch unausgeglichen neben einander her; einerseits finden wir hier die schroffste Ausbildung der hellenischen Staatsidee, die im radikalsten Ausbau der Staatsallmacht das Glück, die εὐδαιμονία der Bürger begründet und das Recht der Individualität gegenüber dem Staate völlig vernichtet, auf der andern Seite das auf sich selbst ruhende, glückselige Leben des Philosophen, der allein der Erkenntnis des Wahren und Guten hingegeben ist.

Es ist also eine tiefgreifende Umwandlung, die durch die gewaltige geistige Macht der griechischen Philosophie in bezug

[1]) de rep. V. 18 p. 473 d.

auf den Charakter des Staates, seine Grundlagen, die Formen
seiner Wirksamkeit, bedingt wird; namentlich gelangt in ihr und
durch sie eine eigentümliche monarchische Tendenz zur Geltung,
die schon an sich, noch mehr aber durch die besondere Art ihrer
Begründung und Ausprägung, zu dem volkstümlichen Bewußtsein, wie sich uns dieses im thatsächlichen politischen Leben von
Hellas darstellt, im Gegensatze steht. Zu einem organischen
Neuaufbau des antiken Staates eignete sich aber dieses philosophische Prinzip auch nicht; denn es ist durchaus einseitig
rational, unhistorisch; der Mangel an geschichtlichem Bewußtsein, der überhaupt in gewissem Sinne für das griechische Altertum charakteristisch ist, findet hier seine höchste Zuspitzung.
Dieser philosophischen Monarchie fehlt jegliche Legitimität; die
Legitimation zum Königtum wird ausschließlich auf die persönlichen Eigenschaften des zum Herrschen Bestimmten begründet;
das Recht, diese Eigenschaften in herrschender Stellung geltend
zu machen, liegt, im Prinzipe wenigstens, in der Person des
philosophischen Herrschers selbst, nicht in irgend welcher andern
Autorität, die ihn zur Herrschaft beruft. Bereits Sokrates
sprach es aus, daß nicht, die den Szepter innehätten, und nicht
diejenigen, die von einer beliebigen Volksmenge gewählt oder
durch's Los bestimmt seien, die wahren Könige und Herrscher
seien, sondern diejenigen, die zu herrschen verständen (durch
begriffsmäßiges Wissen)[1]). Es ist bekannt, mit wie glänzenden
und farbenreichen Strichen die griechischen Philosophen das Bild
einer solchen Herrscherpersönlichkeit gezeichnet haben, die, wie
Aristoteles sagt[2]), selbst Gesetz ist, das lebendige Gesetz (νόμος
ἔμψυχος), wie es später von ihr heißt; ein solcher „königlicher
Mann, in dem das vernunftgemäße Denken Herrschaft gewonnen hat"[3]), muß über dem Gesetze stehen[4]), das doch nur

---

[1]) Xen. Mem. III. 9, 10.

[2]) Polit. III. 1284 a 14.

[3]) ἄνδρα τὸν μετὰ φρονήσεως βασιλικόν nennt ihn Plato, Polit.
33 p. 294 a.

[4]) Größer als die Gesetze (μείζων τῶν νόμων) heißt er bei Dio
Chrys. III. 10.

dann ein wahrhaft verpflichtendes heißen kann, wenn es der
Vernunft gemäß ist; er kann den Bedürfnissen der wandelbaren
Menschennatur und der wandelbaren menschlichen Verhältnisse
durch seine persönlichen Entscheidungen besser entsprechen
und gerecht werden, als das unpersönliche Gesetz.[1]) Diese
Herrschergewalt ist nun, weil durchaus auf sich selbst beruhend,
formell ganz absolut[2]); sie wird nur durch das innere Gesetz
der Tugend[3]) oder des vernünftigen Denkens gebunden; bloß
die Art der Ausübung begründet ihren Unterschied von der
tyrannischen Gewalt.[4])

Die philosophische Konstruktion ist also weit davon ent-
fernt, die Monarchie als Institution zu begründen und aus
den dauernden Bedürfnissen des staatlichen Lebens, aus seiner
geschichtlichen Entwickelung — von dieser ist überhaupt nie die
Rede — abzuleiten; deshalb muß auch konsequenter Weise die
Erblichkeit verworfen werden, denn sie würde es ja als sehr
zweifelhaft erscheinen lassen, ob dann noch das Königtum seinen
Charakter als Herrschaft der Vernunft behaupten könnte[5]). Das

---

[1]) Plato a. O. 294 b f. Vgl. auch die Erörterungen von Poehlmann
Gesch. d. ant. Komm. u. Sozial. I. 296 f. Auf die von Plato entwickelte
Theorie bezieht sich wohl hauptsächlich auch, was Aristoteles, Polit. III. 15,
1286 a 9 ff. bemerkt. Sehr beachtenswert ist es, daß der von Plato geltend
gemachte Gesichtspunkt auch noch in der Publizistik des Mittelalters nach-
wirkt; vgl. eine von Gierke, Joh. Althusius S. 267 Anm. 5 angeführte
Stelle des Engelbert v. Voltersdorf.

[2]) Vgl. Plato Polit. 25 p. 297.

[3]) Vgl z. B. Cic. de rep. I. 34, 52: Virtute vero gubernante rem
publicam quid potest esse praeclarius?

[4]) Es ist bekannt, daß dadurch der Begriff der Tyrannis eine andere
Bedeutung erhalten hat, als ihm ursprünglich eignete. Schon Sokrates
definierte die Tyrannis im wesentlichen in dem oben bezeichneten Sinne.
(Xen. Mem. IV. 6, 12.) Vgl. zu dieser Frage die Erörterungen von Zeller,
Ber. d. Berl. Akad. 1887 S. 1137 ff.; Poehlmann, Altert. u. Gegenw. S. 267 ff.

[5]) Arist. pol. III. 15, 1286 b 22 ff.: εἰ δὲ δή τις ἄριστον θείη τὸ
βασιλεύεσθαι ταῖς πόλεσιν, πῶς ἕξει τὸ περὶ τῶν τέκνων; πότερον καὶ τὸ
γένος δεῖ βασιλεύειν; ἀλλὰ γινομένων, ὁποῖοί τινες ἔτυχον, βλαβερόν.
Vgl. auch Dio Chrys. IV. 62: ἢ οὐκ ἀκήκοας, ὅτι ἐστὶ βασιλεὺς ἐν ταῖς
μελίτταις φύσει γιγνόμενος, οὐκ ἐκ γένους τοῦτο ἔχων, ὥσπερ ὑμεῖς φατε,
ἀφ' Ἡρακλέους ὄντες; und Plato Polit. 301 e.

Vernunftkönigtum und das legitime Königtum stehen so in gewissem Gegensatze zu einander, eine legitime Basis läßt sich für
das Vernunftkönigtum überhaupt nicht gewinnen.

Und wie so einerseits der Vorzug und die Notwendigkeit
der monarchischen Gewalt auf die persönlichen Eigenschaften
ihres Trägers zurückgeführt wird, so wird andrerseits, soweit
von dem Verhältnis des Herrschers zu den Beherrschten die
Rede ist, ebenso einseitig nur auf die Bedürfnisse der gerade
gegenwärtigen Bevölkerung Rücksicht genommen, die Unterthanen
werden als einzelne Personen der Herrscherpersönlichkeit gegenübergestellt; das geschichtliche Moment, die in den aufeinander-
folgenden Generationen sich darstellende Vertretung des Volks-
tums — dieses ist ja als solches auch gar nicht oder höchstens
in ganz allgemeinem Sinne die Grundlage des Staates, —
und des einheitlichen Staatswesens kommt wenig zur Geltung.

Allerdings ist es nun ein sehr wichtiges Moment, das sich
uns in diesem Zusammenhange ergibt; der Gedanke einer für
das Wohl der Unterthanen fürsorgenden Regierung[1]) ist wohl
damals zuerst theoretisch dargelegt und ausführlich begründet
worden; wir kommen dabei aber zugleich wieder auf einen
äußerst charakteristischen Gegensatz, in den jene philosophische
Anschauung zu dem volkstümlichen griechischen Staatsbewußtsein,
wie es uns am eigenartigsten und ausgeprägtesten in der attischen Demokratie entgegentritt, sich stellt.   Der Staat wird jetzt
nicht mehr zusammengehalten durch das ein heitliche Bürgertum und die in diesem wirksamen Gesetze, sondern durch die
Kunst des Regenten, dem die übrigen Angehörigen des
Staates als Unterthanen gegenüberstehen.   Die Begriffe der

---

1) νόμιμος ἀνθρώπων διοίκησις καὶ πρόνοια ἀνθρώπων κατὰ νόμον
ist der sehr charakteristische und anschauliche Ausdruck, den Dio Chrysostomos
III. 43 für diesen Begriff gebraucht.   Auch die Anwendung des Begriffes:
φιλανθρωπία, Menschenfreundlichkeit, — eines Begriffes, der, wie wir sehen
werden, der kynischen Schule besonders eignet — ist bezeichnend; vgl. z. B.
Dio Chrys. LXXVI. 2: διό μοι δοκεῖ τις ἂν προσεικάσαι τὸν μὲν
ἔγγραφον νόμον τῇ δυνάμει τῆς τυραννίδος, . . . τὸ δὲ ἔθος μᾶλλον τῇ
φιλανθρωπίᾳ τῆς βασιλείας.

Unterthanenschaft und des Bürgertums schließen sich aber, wenn wir uns auf den Standpunkt des Perikleischen oder Demostheni- schen Staates stellen, unter einander aus.

Es liegt nach dieser philosophischen Theorie im Inter- esse der Unterthanen selbst, Unterthanen zu sein, von denen regiert zu werden, die durch ihre überlegene Einsicht dazu befähigt sind[1]). Plato begründet dies bekanntlich noch in besonderer Weise dadurch, daß er die verschiedenen Teile, die verschiedenen Stände des Staates mit den Teilen des Menschen parallelisiert; wie es dem einzelnen Menschen selbst bloß dann wohl gehen kann, die Harmonie des Ganzen nur dann gesichert ist, wenn der vernünftige, denkende Teil die Herrschaft hat, so muß es auch im Staate verschiedene, zum Herrschen und zum Gehorchen bestimmte Teile geben.

Schon das von Sokrates und Plato öfters gebrauchte schöne Bild des Steuermannes, der Vergleich des Staates mit einem Schiff, auf dem nur der Steuermann die Leitung hat, alle andern ihm, als dem einzig Sachverständigen, gehorchen müssen, damit die Fahrt des Schiffes gesichert werde, zeigt, was ja die vorhergehenden Erörterungen bereits ergeben haben, wie es für den Staat vor allem auf die Kunst des Regenten an- kommt, wie die Bürger des Staates nicht dazu da sind, teil- zunehmen an den Aufgaben der Gesetzgebung, Staatsverwal- tung u. s. w., sondern zu gehorchen, um nicht durch ihre eigene Thätigkeit die Absichten und das Wirken des Herrschers zu stören und zu hemmen. Deutlicher aber spricht sich die Wand- lung in der staatlichen Anschauung in einer anderen Bezeichnung aus, die, wie es scheint, zuerst in der kynischen Schule geprägt[2])

---

[1]) Vgl. z. B. die charakteristischen Erörterungen Platos, de rep. IX. 13 p. 590 d.

[2]) Vgl. hierüber Zeller, II. 1⁴, 325 Anm. 5. Zeller führt mit Recht die Darstellung Zenons in seinem Idealstaate, die unstreitig von kynischen Anschauungen ausgegangen ist, und die Polemik Platos im „Staatsmann" p. 267 ff. gegen die Gleichsetzung der Staatskunst mit der auf Menschen- herden bezüglichen Hirtenkunst an. Wir können noch den häufigen Gebrauch dieses Bildes hinzufügen, der sich bei Dio Chrysostomos in den Reden über das Königtum findet, die offenbar ebenfalls kynische, zum Teil allerdings

und in der Folgezeit häufig gebraucht worden ist; es ist das
Bild eines Hirten und einer Herde, wodurch das Verhältnis
des Herrschers zu den Unterthanen dargestellt werden soll. Was
dieses Bild bedeutet, ist klar; der Herrscher hat für die Unterthanen zu sorgen, wie der Hirt für die Herde;[1] er soll für ihr
geistiges und leibliches Wohl thätig sein; andrerseits wieder vermag die Herde gar nicht ohne den Hirten zu bestehen; sie
würde sonst sich auflösen und zu grunde gehen; so kann auch
ein Staatswesen nicht bestehen durch die eigene Thätigkeit der
großen Masse von Menschen, die seine Glieder bilden; diese
kann nicht sich selbst regieren, sondern muß regiert werden.
Die Herde ist durchaus abhängig vom Hirten, darf ihm gegenüber keinen eigenen Willen haben; in gleichem Maße ist auch
der Staat von der überlegenen Einsicht dessen, der an seiner
Spitze steht, abhängig.

Welch' andere Bedeutung muß nun auf dem Boden einer
solchen Anschauung der Begriff der Freiheit, der ἐλευθερία, erhalten, ebenso wie Begriff und Sphäre der Gerechtigkeit wesentlich andere geworden sind. Freiheit ist nicht mehr Teilnahme
an den Rechten des Staates, Anteil an der Herrschaft, die der
herrschende Staat in bestimmtem Maßstabe seinen einzelnen Mit-
gliedern gewährt, die Freiheit wird überhaupt nicht mehr im

---

bereits durch stoische Vermittelung hindurchgegangene Auffassung wiederspiegeln; vgl. I. 17. III. 39 ff. IV. 43 f. Auch Xenophon (Cyrop. VIII. 2, 14)
legt seinem Kyros den Vergleich der Herrscherkunst mit der Hirtenkunst in den
Mund. Zeller a. O. S. 239, 2 verweist auf einen Ausspruch des Sokrates (Memorab. I. 2, 32) als eine Parallele; doch scheint mir diese Parallele nicht ganz
zutreffend zu sein; denn Sokrates gebraucht nicht das Bild des Hirten, um damit unmittelbar den Begriff der Herrscherthätigkeit und Herrscherkunst auszu-
drücken. Ich halte es nicht für unwahrscheinlich, daß Xenophon diesen Vergleich
dem Antisthenes entlehnt habe, und der Ausdruck bei Xenophon (λόγος δὲ αὐτοῦ.
sc. Κύρου, ἀπομνημονεύεται) könnte darauf deuten, daß er das Bild aus
dem „Κῦρος“ genannten Dialoge des Gründers der cynischen Schule entnommen habe.

[1] So sagt Dio IV. 44: τοῦ γὰρ ποιμένος οὐκ ἄλλο τι ἔργον ἢ
πρόνοια καὶ σωτηρία καὶ φυλακὶ προβάτων; ähnlich I. 17: τίς μὲν γὰρ
ἀγέλης βοῶν κήδεται μᾶλλον τοῦ νέμοντος;

Staate als solchem realisirt — denn die Unterthanen, die vom Herrscher nach dem Gebote der Vernunft regiert werden, haben eben keine Freiheit; ihr Wohlbefinden können sie nicht durch eigene (politische) Thätigkeit, sondern nur durch die Fürsorge des Herrschers gewinnen — die Freiheit kommt dem Einzelnen nicht als Bürger des Staates zu, sondern als (philosophischem) Individuum; die Freiheit ist $\alpha\dot{v}\tau o\pi\rho\alpha\gamma\dot{\iota}\alpha$[1]), persönliches Selbst-bestimmungsrecht, $\alpha\dot{v}\tau\dot{\alpha}\rho\varkappa\varepsilon\iota\alpha$, Selbstgenügsamkeit des einzelnen Individuums, das in seinem individuellen Thun den Grund der $\varepsilon\dot{v}\delta\alpha\iota\mu ov\dot{\iota}\alpha$, des Glückes, besitzt.

Es ist vor allem die kynische Schule, die am schroffsten diese Auffassung vertreten und begründet hat. Sie trat nicht nur dadurch, daß sie die von einzelnen Sophisten, namentlich Hippias von Elis, ausgebildete Unterscheidung von $\varphi\acute{v}\sigma\iota\varsigma$ und $v\acute{o}\mu o\varsigma$, Natur und Satzung, aufnahm[2]) und nicht in dem Leben

---

[1]) $\varepsilon\dot{\iota}v\alpha\iota$ $\gamma\dot{\alpha}\rho$ $\tau\dot{\eta}v$ $\dot{\varepsilon}\lambda\varepsilon v\vartheta\varepsilon\rho\dot{\iota}\alpha v$ $\dot{\varepsilon}\xi ov\sigma\dot{\iota}\alpha v$ $\alpha\dot{v}\tau o\pi\rho\alpha\gamma\dot{\iota}\alpha\varsigma$ (Diog. Laert. VII. 121), so definirten die Stoiker, gewiß zugleich im Sinne der kynischen Schule; vgl. auch Arr. diss. Epict. IV. 1, 1: $\dot{E}\lambda\varepsilon\dot{v}\vartheta\varepsilon\rho\dot{o}\varsigma$ $\dot{\varepsilon}\sigma\tau\iota v$ $\dot{o}$ $\zeta\tilde{\omega}v$ $\dot{\omega}\varsigma$ $\beta o\acute{v}\lambda\varepsilon\tau\alpha\iota$, Cic. parad V. 34: Quid est enim libertas? Potestas vivendi, ut velis. Cic. de off. I. 20, 70: libertatis propriam, sic vivere, ut velis. Ver-wandt, natürlich nur in kyrenaischer Färbung, ist der Begriff bereits in der dem Aristippos bei Xen. mem. II. 1, 11 zugeschriebenen Äußerung, wo auch die $\dot{\varepsilon}\lambda\varepsilon v\vartheta\varepsilon\rho\dot{\iota}\alpha$ in unmittelbare Verbindung mit der $\varepsilon\dot{v}\delta\alpha\iota\mu ov\dot{\iota}\alpha$ gebracht wird. Aristoteles, Polit. V. 9, 1310a 32 ff., faßt das: $\dot{\varepsilon}\lambda\varepsilon\dot{v}\vartheta\varepsilon\rho ov$ $\tau\dot{o}$ $\ddot{o}\tau\iota$ $\ddot{\alpha}v$ $\beta o\acute{v}\lambda\eta\tau\alpha\dot{\iota}$ $\tau\iota\varsigma$ $\pi o\iota\varepsilon\tilde{\iota}v$, als charakteristisch für den demokratischen Staats-begriff; doch könnte man dies in vollem Sinne nur von der zügellosen, anarchischen Demokratie, den Zeiten der Entartung und extrem individualisti-schen Tendenzen gelten lassen; für einen Athener der Perikleischen Zeit hatte die $\dot{\varepsilon}\lambda\varepsilon v\vartheta\varepsilon\rho\dot{\iota}\alpha$ zunächst weder theoretisch noch praktisch diese Bedeutung. Auf-fallend stimmt mit Aristoteles überein Isokrates, wenn er sagt (XII. 131): $\varkappa\alpha\tau\varepsilon\sigma\tau\dot{\eta}\sigma\alpha\nu\tau o$ $\gamma\dot{\alpha}\rho$ $\delta\eta\mu o\varkappa\rho\alpha\tau\dot{\iota}\alpha v$ $o\dot{v}$ $\tau\dot{\eta}v$ $\varepsilon\dot{\iota}\varkappa\tilde{\eta}$ $\pi o\lambda\iota\tau\varepsilon v o\mu\dot{\varepsilon}v\eta v$ $\varkappa\alpha\dot{\iota}$ $vo\mu\dot{\iota}\zeta ov\sigma\alpha v$ $\tau\dot{\eta}v$ $\mu\dot{\varepsilon}v$ $\dot{\alpha}\varkappa o\lambda\alpha\sigma\dot{\iota}\alpha v$ $\dot{\varepsilon}\lambda\varepsilon v\vartheta\varepsilon\rho\dot{\iota}\alpha v$ $\varepsilon\dot{\iota}v\alpha\iota$, $\tau\dot{\eta}v$ $\delta'\dot{\varepsilon}\xi ov\sigma\dot{\iota}\alpha v$ $\ddot{o}\tau\iota$ $\beta o\acute{v}\lambda\varepsilon\tau\alpha\dot{\iota}$ $\tau\iota\varsigma$ $\pi o\iota\varepsilon\tilde{\iota}v$ $\varepsilon\dot{v}\delta\alpha\iota\mu ov\dot{\iota}\alpha v$.

[2]) Hierfür ist z. B. charakteristisch, daß die Kyniker, die „am reinsten deistische Sekte, welche das hellenisch-römische Altertum hervorgebracht hat", (Bernays, Lukian u. d. Kyniker, S. 31) nach Philodem die Vielheit der Götter als auf menschlicher Satzung beruhend bezeichneten ($\pi\alpha\rho'$ $\dot{A}v\tau\iota\sigma\vartheta\dot{\varepsilon}v\varepsilon\iota$ $\dot{\varepsilon}v$ $\mu\dot{\varepsilon}v$ $\tau\tilde{\omega}$ $\varphi v\sigma\iota\varkappa\tilde{\omega}$ $\lambda\dot{\varepsilon}\gamma\varepsilon\tau\alpha\iota$ $\tau\dot{o}$ $\varkappa\alpha\tau\dot{\alpha}$ $v\dot{o}\mu ov$ $\varepsilon\dot{\iota}v\alpha\iota$ $\pi o\lambda\lambda o\dot{v}\varsigma$ $\vartheta\varepsilon o\dot{v}\varsigma$, $\varkappa\alpha\tau\dot{\alpha}$ $\delta\dot{\varepsilon}$ $\varphi\acute{v}\sigma\iota v$ $\ddot{\varepsilon}v\alpha$).

nach dem Gesetz des Staates, sondern in dem nach der Natur,
dem „ungeschriebenen Gesetze", das bereits Hippias anerkannt
hatte[1]), dem Gesetze der Tugend, das nach ihrer Lehre allein
dem vernünftigen Erkennen zugänglich und in steter Übung dem
Weisen zu eigen wurde, das wahrhaft tugendhafte und deshalb
glückselige Leben erblickte, in Gegensatz zu dem empirischen
griechischen Staatswesen, sondern sie löste auch im Prinzip den
Staatsbegriff überhaupt und die staatliche Anschauung auf, in=
dem sie der αὐτάρκεια des Staates die des philosophischen
Individuums gegenüberstellte, dieses nicht bloß in seinen äußern,
sondern vor allem in den Bedürfnissen seiner ethischen Ver=
vollkommnung gänzlich vom Staat loslöste, unabhängig von
diesem machen wollte.

Wie ist es nun zu verstehen, daß auch diese kynische Lehre
doch allem Anscheine nach sich mit den Problemen des Staats=
lebens beschäftigt, insbesondere der Begründung der Monarchie
ihre Aufmerksamkeit zugewandt hat? Das Haupt dieser Schule
selbst, Antisthenes, hat mehrere Dialoge über das Königtum ver=
faßt, die nach Herakles und Kyros[2]) genannt waren, wahr=
scheinlich auch einen, der den Namen des makedonischen Herrschers
Archelaos trug[3]), und in den Reden über das Königtum, die

---

[1]) Vgl. Xen. Mem. IV. 4, 19.

[2]) Daß unter Kyros der bekannte Begründer der persischen Herrschaft
und nicht Kyros der Jüngere, der nicht einmal König gewesen, zu verstehen
ist, scheint mir selbstverständlich — trotz der Bedenken, die Hirzel, Gr.
Dialog I. 122, 2, dagegen geltend macht. Schon die Worte des Diogenes
Laertius VI. 2: καὶ ὅτι ὁ πόνος ἀγαθόν, συνίστησε διὰ τοῦ μεγάλου
Ἡρακλέους καὶ τοῦ Κύρου τὸ μὲν ἀπὸ τῶν Ἑλλήνων τὸ δὲ ἀπὸ τῶν
βαρβάρων ἑλκύσας, können sich nur auf den älteren Kyros, der als Re=
präsentant der Barbarenwelt dem Griechen Herakles gegenübergestellt wird,
beziehen; auch konnte wohl nur aus dessen Leben, nicht aus dem des
jüngeren Kyros, die Lehre, ὅτι ὁ πόνος ἀγαθόν, entnommen werden. Die
Erwähnung des Alkibiades wird wohl einem anderen Dialoge angehören,
— Diogenes Laertius selbst nennt mehrere dieses Namens.

[3]) Daß der von Diog. Laert. VI. 18 unter dem Namen Ἀρχέλαος
angeführte Dialog des Antisthenes echt war, halte ich mit Dümmler (Aka=
dem. 1 ff.) und Hirzel (Gr. Dial. 123 f.) für wahrscheinlich. Archelaos
scheint in der sokratischen Philosophie eine nicht unwichtige Rolle gespielt

uns Dio Chryjostomos hinterlaffen hat, ist die kynische Grund-
lage der Darlegung nicht zu verkennen, wenn wir auch den
Einfluß der stoischen Anschauungen, die sich ja eben auf der
Basis des Kynismus gebildet haben, dabei bemerken können[1]).

Nun geht zunächst aus den Fragmenten der Kyniker selbst,
wie aus den erwähnten Reden Dio's das eine mit ziemlicher
Sicherheit hervor, daß die Kyniker den König und den Weisen
in einer Art gleichseßten, die für diese ganze, von den Stoikern
später weiter ausgebildete philosophische Theorie charakteristisch
ist. Das wahre Königtum besteht in der Freiheit, wie sie dem
Weisen eigen ist (ἀθάνατον βασίλειαν ἐλευθερίαν ἀγαπῶσιν,

zu haben; abgesehen von der bekannten Verwendung seiner Figur bei Plato
im Gorgias p. 471 will ich hier nur darauf hinweisen, daß die Einladung,
die Archelaos an Sokrates ergehen ließ, Anlaß gab, sich ausführlich mit
ihm und seinem Verhältnis zu Sokrates und zur Philosophie zu beschäftigen;
man hat nicht unwahrscheinlich, in dem ersten Sokratischen Brief auf Spuren,
die auf Antisthenes führen, hingewiesen (Dümmler a. O. 4 f.; namentlich
Hirzel S. 124). Ich möchte die Vermutung wagen, daß vielleicht dem
Archelaos als Tyrannen der erste makedonische König dieses Namens als
halbmythisches Gegenbild und Repräsentant des wahren Königtums gegenübergestellt worden sei; der Hinweis bei Dio Chrysostomos IV. 71, wo
dieser König als Träger der διφθέρα zu einem Vorbilde kynischer Lebens-
weise gestempelt wird, ist doch vielleicht nicht bloß so ganz scherzhaft gemeint.

[1]) Schon aus diesem Grunde scheint es mir nüßlich, einzelne Reden
Dios auf bestimmte Vorlagen, vor allem Dialoge des Antisthenes selbst,
zurückzuführen. Daß z. B. die erste Rede über das Königtum bereits unter
dem besouberen Einflusse bestimmter stoischer Vorstellungen und Begriffe,
die immerhin den kynischen nahe standen, zum Teil nur eine weitere Entwickelung derselben bezeichnen, steht, ergibt sich aus dem, was über den
Νόμος, der zugleich λόγος ὀρθός heißt (§ 75), gesagt ist, wie auch schon
Wilamowiß, Gött. Festr. 1886, dies angedeutet hat; vgl. auch § 42. Ein
Gleiches gilt auch von der 75. und 76. Rede περὶ νόμου und περὶ ἔθους.
Wenn es weiter in der 1. Rede § 84 heißt, daß Zeus dem Herakles erlaubt habe, über das ganze Menschengeschlecht zu herrschen, βασιλεύειν τοῦ
σύμπαντος ἀνθρώπων γένους (vgl. §60: ἀπ᾽ ἀνίσχοντος ἡλίου μέχρι δυομένου
πάσης ἄρχε γῆς; καὶ τῶν ἀνθρώπων ἁπάντων), so stammt diese Auffassung
wohl auch noch nicht aus der Zeit des Antisthenes, sondern erst aus der
weiteren Entwickelung des Kynismus oder aus der älteren Stoa; mythisches
Vorbild für den Welteroberer und Weltherrscher ist Herakles erst in der
Zeit Alexanders geworden.

jagt Krates bei Clem. Alex. Strom. II. 121 p. 493 P.); als Freie
und Könige stellt Zenon die Weisen nebeneinander;[1]) als Weise
sind sie Söhne des Zeus, denen dieser seine Weisheit mitteilt[2]),
und Nacheiferer des Zeus ($ζηλωται τοῦ Διός$[3])).   Der König
ist der beste der Menschen, der tapferste und gerechteste und
menschenfreundlichste[4]), durch keine Mühe und Begierde zu über-
winden[5]); ein König, der nicht von königlicher Gesinnung ist,
der ist eben kein König[6]). Herakles wurde schon von Antisthenes
als das Vorbild dieser Gesinnung, eines solchen Königtums ge-
priesen; die Farben, mit denen dieses Idealgemälde ausgestattet
wird, sind durchaus dem kynischen Lebensideal entnommen[7]).

Das Königtum hört hier zum Teil geradezu auf, noch
einen politischen Anstrich zu haben; die rein persönliche Be
gründung desselben wird so gesteigert, daß es eben nichts anderes,
als die höchste Entfaltung des Menschentums im Rahmen des
philosophischen Ideals darstellt; der Charakter eines Mannes

---

[1]) Diog. Laert. VII. 122. Stob. ecl. II. 223 = 7, 11 m Wachsm.
Die gleiche Parallelisierung findet sich bei Antisthenes frg. 86 Mullach:
$φιλάργυρος οὐδεὶς ἀγαθός, οὔτε βασιλεὺς οὔτε ἐλεύθερος.$

[2]) Dio Chrys. IV. 27.

[3]) Dio I. 38; ebenso Musonius bei Stob. flor. 48, 67.

[4]) Vgl. Dio III. 39. Die $φιλανθρωπία$ ist besonders bezeichnend
für die Kyniker (vgl. Epictet diss. III. 24, 64. IV. 8, 32. Bernays,
Lukian u. d. Kyniker S. 100 ff.).

[5]) Dio IV. 24.

[6]) Dio IV. 25.

[7]) Besonders charakteristisch tritt uns dies in der Schilderung Dios
I. 61 ff. entgegen, die an dieser Stelle wenigstens letzthin wohl auf die von
Antisthenes selbst in seinem Dialoge Herakles gegebenen Ausführungen
zurückgeht. Es heißt hier: $ἦν δὲ καὶ πεπαιδευμένος ἁπλῶς$ (vgl. auch
IV. 31), $οὐ πολυτρόπως οὐδὲ περιττῶς σοφίσμασι καὶ πανουργήμασιν$
$ἀνθρώπων κακοδαιμόνων$ (vgl. dazu, was Diogenes dem Alexander IV.
35 ff. über Wesen und Einfluß der Sophisten auseinandersetzt) $λέγουσι δὲ$
$καὶ ταῦτα περὶ Ἡρακλέους, ὡς γυμνὸς ᾔει μόνον ἔχων λεοντῆν καὶ ῥόπαλον.$
$τοῦτο δὲ οὕτως λέγουσιν, ὅτι ἐκεῖνος οὔτε χρυσίον οὔτε ἀργύριον οὔτε$
$ἐσθῆτα περὶ πολλοῦ ἐποιεῖτο$ (vgl. Antisth. frg. 86 = Stob. flor. X. 42),
$ἀλλὰ ταῦτα πάντα ἐνόμιζε τοῦ μηδενὸς ἄξια, πλὴν ὅσον δοῦναι καὶ χαρίσα$-
$σθαι;$ ferner § 63: $ὅτι δὲ αὐτουργὸς ἦν καὶ τῇ ψυχῇ πρόθυμος καὶ τὸ$
$σῶμα ἱκανὸς καὶ πάντων μάλιστα ἐπόνει,$ vgl. Diog. Laert. VI. 2), μόνον

als Herrscher ist ganz unabhängig von den thatsächlichen politischen Verhältnissen; er wird in keiner Weise durch ein bestimmtes
Herrschaftsgebiet, durch den Charakter eines bestimmten Staatswesens bedingt; es erscheint so als die konsequente Durchführung
dieser Auffassung, wenn der Stoiker Musonius sagt[1]): „der
Herrscher wird seines Herrschaftscharakters nicht beraubt, wenn
er auch nicht viele hat, die ihm gehorchen; denn es ist genug,
wenn er über die Freunde herrscht, oder zuletzt auch, wenn er
nur über sich selbst herrscht“. So ist der Kreislauf vollendet;
wenn Platon davon ausging, daß der, welcher über sich selbst
zu herrschen imstande sei, d. h. der wahre Philosoph, auch die
Herrschaft im Staate erlangen müsse, so ist dies jetzt gar nicht
mehr nötig; es genügt, daß eben die Herrschernatur selbst vorhanden ist, die Welt ist gewissermaßen nur noch der Schauplatz,
auf dem sich die *αὐτάρκεια* des Philosophen in hellen und
leuchtenden Farben abhebt; das Staatsinteresse, das als die
selbstverständliche Grundlage für das Einzelleben noch im Mittelpunkte von Platons Denken stand, ist für diese Philosophie
nicht mehr oder kaum mehr vorhanden.

Wie hat nun aber dieses nicht bloß durchaus philosophisch
gerichtete, sondern zum Teil geradezu asketisch gefärbte Herrscher-

---

αὐτὸν ἔφασαν βαδίζειν καὶ πράττειν ἅπαντα ὅσα βούλοιτο (dies letztere
ist ein Zeichen der vollen Freiheit und Unabhängigkeit, der *ἐλευθερία καὶ
αὐτοπραγία*); vgl. dazu Epiktet dissert. III. 24, 64, wo es von Diogenes,
dem Ideale des Weisen, heißt: οὕτως ἥμερος ἦν καὶ φιλάνθρωπος, ὥστε
ὑπὲρ τοῦ κοινοῦ τῶν ἀνθρώπων τοσούτους πόνους καὶ ταλαιπωρίας τοῦ
σώματος ἄσμενος ἀναδέχεσθαι. Wenn an dieser Stelle dann weiter von Diogenes gesagt wird (§ 65): ἀλλὰ ἐφίλει πῶς; ὡς τοῦ Διὸς διάκονον ἔδει, ἅμα
μὲν κηδόμενος, ἅμα δ᾽ ὡς τῷ θεῷ ὑποτεταγμένος, so ist der Ausdruck κήδεσθαι
derselbe, der für den Hirten im Verhältnis zu seiner Herde gebraucht wird
(Dio I. 17), also der eigentliche Begriff für Tugend und Pflicht des Herrschers;
vgl. auch Mark Aurel III. 4: μέμνηται δὲ . . . καὶ ὅτι κήδεσθαι μὲν
πάντων ἀνθρώπων κατὰ τὴν τοῦ ἀνθρώπου φύσιν ἐστίν. — Über die
Frage nach dem Verhältnis der Erörterungen Dios zu Antisthenes' Herakles
handelt ausführlich E. Weber, Leipz. Stub. X. 236 ff., von dem übrigens
die hier gegebene Darlegung völlig unabhängig ist.

[1]) Stob. flor. 48, 67.

ideal Bedeutung gewinnen können für eine Begründung und
Entwickelung monarchischer Tendenzen? Ganz läßt sich doch
ein solcher Zusammenhang nicht abweisen; wenn der Philosoph
in bezug auf seine Person das unbedingte und souveräne Recht
des auf sich selbst gestellten, aber vernünftig denkenden und
handelnden Individuums behauptete, so konnte dieses individuelle
Recht nun doch auch von einem politischen Herrscher auf Grund
seiner persönlichen Stellung und Überlegenheit geltend gemacht
werden, namentlich wenn durch die Rücksicht auf das Wohl der
Unterthanen die Notwendigkeit einer absoluten Herrschaft ge-
rechtfertigt schien. Und das war es doch, was vor allem eine
Verbindung zwischen jenem rein philosophischen persönlichen
Herrscherideal und dem politischen Königtum bilden konnte:
jene eigentümliche ethische Idee der Monarchie, wie sie im Bilde
des Hirten namentlich zum Ausdruck gelangte.

Neben dem Individualismus trat in der griechischen Philosophie seit Sokrates in immer steigendem Grade eine kosmopolitische Richtung des Denkens und der Anschauung hervor,
die ebenso, ja noch in stärkerem Maße, als jener, sich in einen
Gegensatz zu den Grundlagen des bisherigen politischen Lebens
in Griechenland stellte. Zum Teil aus dem Widerspruche
hervorgegangen, der gereifterer Erfahrung und gereifterem
Denken sich aufdrängen mußte zwischen dem, was der griechische
Staat in der Idee seinen Bürgern war und sein sollte, und
dem, was er thatsächlich vielfach war in seiner Beschränktheit,
inneren Gehaltlosigkeit oder äußeren Ohnmacht und Verkrüppe-
lung, entwickelte sich jener Kosmopolitismus ebenso abstrakt und
ungeschichtlich, wie das philosophisch-monarchische Ideal der
kynischen Schule; er beruhte nicht nur auf einem Gegensatze
zum bestehenden griechischen Kleinstaate, sondern auf einer
Negierung der Staatsidee überhaupt; es fehlte ihm die Be-
rührung mit geschichtlichen Mächten, die Möglichkeit der geschichtlichen Realisierung; es fehlte ihm ein auf dem Wege geschichtlichen Wirkens, geschichtlicher Entwickelung zu erreichendes Ziel.
Auch hier wieder sind es die Kyniker, die vor allem diesen kosmo-

politischen Zug vertreten[1]), in scharfem Kontraste mit Platon, dessen Idealstaat durchaus das spezifische Gepräge der griechischen Polis trägt. Die Welt, in der die kynischen Philosophen ihre Heimat und ihr Bürgerrecht haben, das Vaterland des Diogenes, des Ideals dieses Kreises, ist allerdings wohl, allgemein genommen, zugleich die Heimat des menschlichen Geschlechtes; aber dieses menschliche Geschlecht ist kein geschichtlicher Begriff, sondern eine philosophische Abstraktion, die Zusammengehörigkeit der Menschen als Glieder dieses kosmopolitischen Ganzen beruhte darauf, daß sie Vertreter der allgemeinen menschlichen Gattung waren, an der allen gemeinsamen Natur teil hatten; und wirkliche Bedeutung gewinnt jene universale Welt erst insofern, als sie den überall gleichen Schauplatz für das Leben und Wirken des Weisen abgibt, das in seinen stets gleichen Äußerungen nicht an einen bestimmten Ort oder Volkskreis gebunden ist[2]). Mit den kleineren Kreisen natürlicher Gemeinschaften hat das Reich, in dem das Weltbürgertum des Philosophen wurzelt, nichts gemein; es dient nicht dazu, jene engeren Kreise zu ergänzen, aus seinem reicheren, umfassenderen Leben ihnen mitzuteilen, ihrer Beschränkung entgegenzuwirken, sondern es tritt an ihre Stelle, hebt innerlich ihre selbständige Bedeutung auf. Ein solcher Kosmopolitismus konnte nicht unmittelbar auf das politische Leben einwirken; mittelbar hat er dennoch einen Einfluß ausgeübt und die monarchischen Tendenzen gestärkt; denn er stand im schärfsten Gegensatze zur beschränkten Welt des hellenischen Stadtstaates, der eben gerade in der Enge seiner Verhältnisse und mit dem für ihn charakte-

---

[1]) Epiktet diss. III. 24, 66. Charakteristisch ist der Zusammenhang, in den hier der neue, philosophische, Begriff der Freiheit mit diesem Kosmopolitismus gebracht wird.

[2]) Vgl. hierzu namentlich die Ausführungen in der Plutarchischen Schrift de exilio, besonders c. 5 p. 601 a f. Bereits von Demokrit wird der Ausspruch angeführt (frg. 225 Mullach = Stob. flor. 40, 7): Ἀνδρὶ σοφῷ πᾶσα γῆ βατή· ψυχῆς γὰρ ἀγαθῆς πατρὶς ὁ ξύμπας κόσμος. Dem entsprechend Euripides frg. 1034 Nauck:

ἅπας μὲν ἀὴρ ἀετῷ περάσιμος,
ἅπασα δὲ χθὼν ἀνδρὶ γενναίῳ πατρίς.

3*

riftischen Bestreben seiner Bürger, unmittelbaren Anteil an der
Herrschaftsgewalt des Staates zu erhalten, wie wir gesehen
haben, eins der wesentlichsten Hindernisse für die Entwickelung
einer monarchischen Gewalt bildete.

Wir finden also in dem Fortschreiten des philosophischen
Denkens von der Polis, dem Stadtstaate, zum Kosmopolitismus, ober, besser gesagt, in dem unvermittelten Sprung von
den historisch gegebenen Grundlagen des hellenischen Staates zu
dem vagen Begriff einer die Welt umfassenden Gemeinschaft,
die aber in Wahrheit gar keine Gemeinschaft, sondern nur eine
Gesamtheit von einzelnen, dem Natur= oder Vernunftgesetz unter=
worfenen Individuen ist, denselben abstrakten, ungeschichtlichen
Charakter ausgeprägt, den wir in dem Begriffe der philosophi=
schen Idealmonarchie erkannten. Und dieser Charakter ist ebenso
in der Natur jenes philosophischen Denkens, wie in der Eigen=
art der hellenischen politischen Entwickelung begründet. Die
Idee einer nationalen Monarchie ist der helleni=
schen Philosophie nicht aufgegangen, ebenso wenig,
wie die Idee eines nationalen Staates überhaupt.
Dies erkennen wir besonders deutlich, wenn wir einen Blick auf
die Anschauungen des größten politischen Denkers der Griechen,
des Aristoteles, werfen, desjenigen Denkers, der mit der um=
fassendsten Kenntnis der empirischen hellenischen Staatenwelt ein
einbringendes Verständnis für die grundlegenden Erscheinungen
des staatlichen Lebens in Hellas verband. Zwar hat man
neuerdings dem Aristoteles diese maßgebende Bedeutung für
unsere Rekonstruktion des hellenischen Staates bestritten[1]); man
hat hervorgehoben, daß des Aristoteles Blick überall nach rück=
wärts, nicht nach vorwärts gewandt sei; er suche in dem eng=
begrenzten Stadtstaat das politische Ideal in einer Zeit, wo
dieser vollständig Bankerott gemacht habe; er habe für die neue
Zeit, die mit Alexander begonnen, gar kein Verständnis. Das
ist an sich richtig, und es ist immerhin wunderbar, daß ein

---

[1]) Besonders energisch hat es E. Meyer, Die wirtschaftl. Entwickelung
des Altertums S. 41, 2, gethan (vgl. auch Hist. Zeitschr. N. F. Bb. 25
S. 467 ff.).

Denker, wie Aristoteles, die durch die Gestaltung der politischen, wie sozialen Verhältnisse in Griechenland bedingte Notwendigkeit neuer staatlicher Bildungen, insbesondere die einer größeren nationalen Einigung, so wenig begriffen, jedenfalls so wenig hervorgehoben hat; aber der Wert, den des Aristoteles Politik für unsere Erkenntnis des hellenischen Staates hat, wird hierdurch doch nicht gemindert; denn die selbständige politische Entwickelung von Hellas war bisher im wesentlichen durchaus in den Bahnen des Stadtstaates verlaufen, und das Griechentum hatte von sich aus einen nationalen Staat nicht zu schaffen vermocht, weder in der Theorie sich zu der Idee eines solchen erhoben, noch in der Praxis ihn in's Leben rufen können[1]).

Aristoteles teilt mit der sonstigen griechischen Philosophie in bezug auf das Königtum eine vorwiegend rationalistische Auffassung; auch er begründet dasselbe besonders auf die persönlichen Vorzüge oder Wohlthaten Einzelner (vgl. z. B. Polit. 1286 b 8 ff. 1310 b 34 ff.) und meint, daß, wenn diese persönlichen Vorzüge schwänden, damit auch die Grundlage des monarchischen Regiments fortfiele (1286 b 11 ff.). Daneben finden sich aber bei ihm einzelne Stellen, die von tieferem Blicke und klarem Verständnis für die monarchische Institution als solche, für ihre allgemeine und dauernde Bedeutung für das Staatsleben Zeugnis ablegen, so vor allem Polit. 1310 b 40 ff.[2]).

---

[1]) Wenn man in neuerer Zeit mehrfach in dem athenischen Reiche des 5. Jahrhunderts den wahrhaft nationalen Staat von Hellas hat finden wollen, so ist das ein modernes Trugbild, das in den thatsächlichen geschichtlichen Verhältnissen keine Grundlage hat. Wenn auch das athenische Reich wesentlich auf Grund einer nationalen Strömung, des Gegensatzes gegen das Perserreich, erwachsen ist, wenn das geistige Leben in Athen mit seinen großen Hervorbringungen in Litteratur und Kunst entschieden zugleich eine nationale Bedeutung hatte, so würde doch das Reich als solches, auch wenn es einen längeren Bestand gehabt und eine noch größere Ausdehnung gewonnen hätte, — so wie es zu Perikles' Zeit organisiert war — immer ein rein athenischer Staat geblieben, nie zu einem nationalen hellenischen Staat geworden sein.

[2]) Βούλεται δὲ ὁ βασιλεὺς εἶναι φύλαξ, ὅπως οἱ μὲν κεκτημένοι τὰς οὐσίας μηδὲν ἄδικον πάσχωσιν, ὁ δὲ δῆμος μὴ ὑβρίζηται μηδέν.

Die Monarchie hat danach ein Mittleramt über den verschiedenen
sozialen Klassen auszuüben, sie vor gegenseitiger Vergewaltigung
zu schützen. Es ist aber charakteristisch, daß auch hier nur die
soziale, nicht eine nationale Bedeutung der Monarchie ausgesprochen wird; für letztere findet sich in dem politischen System
des Aristoteles ebenso wenig Raum wie bei Platon.

Drittes Kapitel.

Die Monarchie Alexanders des Großen und seiner Nachfolger.

Wir haben am Schlusse des vorhergehenden Abschnittes
hervorgehoben, daß sowohl für die politische Praxis, wie auch
für die politische Gedankenarbeit die nationale Idee in der
Periode der selbständigsten und produktivsten Gestaltung des
hellenischen Staatslebens und Staatsgedankens keine ausschlaggebende Bedeutung gewonnen hat, daß somit auch für eine um-
fassende, nationale Monarchie der Boden wenig vorbereitet war.
Allerdings fehlte es, gerade auch in der Zeit des Platon und
Aristoteles, nicht ganz an nationalen Strömungen und Bewegungen, die von einzelnen bedeutenden Männern geleitet und
zur Aufrichtung und Ausbildung einer monarchischen Gewalt
benutzt wurden. Fast zu gleicher Zeit versuchte Dionysios im
Westen ein großes hellenisches Reich im Gegensatz gegen Karthager
und italische Barbaren zu errichten und verfolgte im Osten
Jason von Pherae den Plan, durch Bekämpfung der Perser sich
eine große, herrschende Gewalt in Griechenland zu begründen;
indessen, — bei allen bedeutenden Erfolgen des syrakusanischen
Tyrannen — zu einem wirklichen, großen westhellenischen
Staate[1]) kam es doch nicht; dazu waren die Grundlagen seiner

---

[1]) So bezeichnet es Beloch. Gr. Gesch. II. 176.

Macht zu wenig dauerhafte, ruhten zu sehr auf der Persönlichkeit des Dionysios; und auch der Bau, den Jason hatte aufrichten wollen, zerfiel mit seinem Tode sogleich wieder. Was Dionysios und Jason erstrebt hatten, konnte Philipp von Makedonien gelingen, weil seine genialen Pläne auf dem sicheren Fundamente einer volkstümlichen Monarchie ruhten. Jedoch war immer die Frage, ob dieses makedonische Königtum zu einem national-hellenischen werden oder wenigstens zu einer nationalen hegemonischen Stellung sich ausgestalten konnte, ob eine innerliche Überwindung der großen, doch vor allem an die einzelnen Stadtstaaten, namentlich Athen und Sparta, anknüpfenden Traditionen, eine innerliche Aneignung und Assimilierung des in ihnen verkörperten politischen Lebens, der hier wurzelnden geistigen Kultur möglich war. Bei Chaeronea erlag, nicht etwa das nationale Hellenentum, sondern der selbständige hellenische Stadtstaat dem nordischen Königtum; in dem korinthischen Bunde, der Schöpfung Philipps, wurde der Versuch gemacht, durch eine Verbindung monarchischer und föderativer Elemente eine Grundlage für eine nationale Neugestaltung Griechenlands zu gewinnen. Ein wirklich monarchisches Regiment für das Gebiet des eigentlichen Hellas hatten selbst die eifrigsten Verfechter der makedonischen Hegemonie nicht zu befürworten gewagt; auch Isokrates lehnt im „Philippos", so sehr er von der Wichtigkeit des makedonischen Königtums für die griechische Einheit durchdrungen ist, doch für die eigentlich hellenischen Staaten die Monarchie, als eine mit der hellenischen Freiheit in Widerspruch stehende Regierungsform, ab[1]), und die Erörterungen, in denen er in eingehender Weise die Vorzüge der Monarchie darlegt, werden einem kyprischen Alleinherrscher, dem Nikokles, in den Mund gelegt[2]). Die politischen Gedanken, die Philipp in der Gründung des korinthischen Bundes verwirklichte, haben, soviel wir wissen, keine theoretische Begründung und Ausbildung gefunden, und es hängt dies wohl damit zusammen, daß jenes

---

[1]) Isokrat. V. 108.
[2]) Isokrat. III., namentlich § 14 ff.

Werk Philipps keine so große und dauernde thatsächliche Bedeutung für die politische Entwickelung Griechenlands gewonnen
hat, wie dies doch im Plane seines Urhebers gelegen haben
wird. Der Partikularismus des hellenischen Stadtstaates und
der Kosmopolitismus eines neuen Weltreiches haben die Ansätze
zu einer nationalen Neubildung von Hellas nicht zu lebendiger
Wirksamkeit gedeihen lassen; insbesondere hat der Begründer
des Weltreiches selbst dazu beigetragen, der Schöpfung seines
Vaters das Fundament zu entziehen.

Keine Untersuchung oder Darstellung, welche die Entwickelung der Monarchie im Altertum zum Gegenstand hat, kann
von dem Königtum Alexanders absehen, mag man nun meinen,
daß durch ihn das „nationale Werk Athens“, das Werk der
Einigung von Hellas seine Vollendung empfangen habe[1]), oder
daß er im Gegenteil durch seine Politik einen national hellenischen Staat, überhaupt ein selbständiges politisches Wirken des
Hellenentums unmöglich gemacht habe.

Ich habe anderwärts[2]) die Auffassung dargelegt und zu
begründen gesucht, daß Alexanders Königtum in seinem göttlichen Charakter und in seiner Ausprägung als Weltherrschaft
weder aus den heimischen, makedonischen Verhältnissen, noch aus
der hellenischen politischen Entwickelung hervorgewachsen sei, aus
diesen Grundlagen erklärt werden könne, sondern, daß wir in
demselben eine neue, wesentlich auf orientalischem Boden ent-
sprossene Form der Monarchie anzuerkennen haben, die sich in
dem weiteren Verlaufe in immer entschiedeneren Gegensatz zu
dem volkstümlichen makedonischen Fundamente und der panhellenischen Politik Philipps gestellt habe. Ich halte an dieser Anschauung in der Hauptsache auch jetzt noch durchaus fest, möchte
aber entschiedener, als ich dies früher gethan, zugleich betonen,

---

[1]) So urteilt v. Wilamowitz, Aristoteles und Athen I. 370. Daß
allerdings die Auffassung, das athenische Reich des 5. Jahrhunderts habe
die Grundlage für einen nationalen, wirklich gesamthellenischen Staat gebildet,
ein Phantasiebild moderner Forschung ist, darauf habe ich schon hingewiesen.

[2]) Hist. Zeitschr. N. F. Bd. 38 S. 1 ff. 193 ff.

daß in gewisser Hinsicht die Entwickelung des öffentlichen Geistes in Hellas, die eigenartige Richtung, welche die politischen Ideen hier genommen haben, der Monarchie Alexanders den Weg gebahnt haben, ebenso wie das nationale makedonische Königtum das Fundament seiner Weltherrschaftspolitik geworden ist. In Alexanders Person und Regierung finden wir die charakteristische Vereinigung eines auf die Spitze getriebenen Individualismus und eines bewußten Kosmopolitismus, der mit den Mitteln einer starken nationalen Monarchie durchgeführt und durch eine gewaltige Herrscherpersönlichkeit getragen und vertreten wird. In der absoluten Herrschaft, die durch die Idee der Göttlichkeit tiefer begründet werden soll, tritt uns ein auf das Äußerste gespannter Individualitätsbegriff, in dem Weltreiche, das der große makedonische Eroberer in's Leben gerufen, die Verkörperung der kosmopolitischen Ideen und Tendenzen entgegen.

Wir haben vorher betrachtet, wie die individualistische Machttheorie den Einzelnen, dem sie das Recht zuschrieb, in rücksichtsloser Geltendmachung seiner Persönlichkeit die anderen Menschen sich zu unterwerfen, in gewissem Sinne auf eine übermenschliche Stufe erhob; wir haben weiter gesehen, daß die philosophische Theorie die „königliche Persönlichkeit", in der die Vernunft zur Herrschaft gelangte, den Göttern nahe stellte; wir dürfen endlich hinzufügen, daß auch das religiöse Empfinden in dem Kulte der Heroen, die nicht bloß göttliche Abstammung, sondern auch göttergleiche Thaten heroischer Ehren würdig und teilhaftig machte, eine Grundlage bot, von der aus wohl auch einem Herrscher, der Außerordentliches, bisher nie oder selten von Menschen Erreichtes, vollführte, über das Maß des Gewöhnlichen hinausgehende, heroische, Ehren zu teil werden konnten; und wenn die heroischen Gründer einzelner Städte heroischen Kult empfingen, sollte dann nicht der Weltheros, dessen Ruhm viele nach ihm benannte und von ihm gegründete Städte in weitem Umkreis der Welt verkündeten, desselben würdig sein?

Wir finden denn auch bereits vor Alexander vereinzelte Beispiele sakraler Ehren, welche Persönlichkeiten, die durch ihre Macht und ihre Thaten hervorragten, erwiesen wurden, und zwar schon bei Lebzeiten, nicht erst, wie es bei den heroischen Ehren gebräuchlich war, nach ihrem Tode, an der Stätte ihres Grabes. Was in dieser Beziehung dem Lysandros gegenüber geschah[1]), zeigt allerdings weniger die eigenartige religiöse Empfindung, als den Grad der Schmeichelei, deren einzelne hellenische Staaten bereits damals fähig waren. Auch dem Agesilaos wurden göttliche Ehren von den Thasiern angeboten, die er aber ablehnte[2]). Der Tyrann Klearchos von Herakleia nannte sich selbst Sohn des Zeus[3]). Philipp von Makedonien ließ bei dem Hochzeitsfeste in Aegae in feierlichem Aufzuge hinter den Statuen der zwölf Götter sein eigenes Bild als dreizehntes hertragen[4]), und der Verfasser des dritten Isokrateischen Briefes erklärt, daß, wenn der König das Perserreich unterworfen haben werde, dann nichts weiter für ihn übrig bleibe, als „Gott zu werden"; es mochte dem Briefschreiber dabei wohl das Bild des göttlichen Ahnherrn des makedonischen Königsgeschlechtes, des Herakles, vor die Seele treten, der durch seine Thaten sich selbst den Weg zum Olymp gebahnt hatte[5]).

---

[1]) Nach dem Bericht des Duris bei Plut. Lys. 18.

[2]) Plut. apophth. Lac. Ages. 25 p. 210 d.

[3]) Memnon. I. 1.

[4]) Diod. XVI. 92, 5. Stob. flor. 98, 70.

[5]) Vgl. auch v. Scala, Münchn. Philologenversamml. 1891 S. 113. Charakteristisch ist es, daß der Verfasser des Schreibens diese Perspektive auf die Apotheose gerade an die Eroberung des Perserreichs anknüpft, die ja nachher für den Sohn Philipps die Grundlage zu seiner göttlichen Verehrung bildete. Man darf übrigens aus den Worten οὐδὲν ἔσται λοιπὸν ἔτι πλὴν θεὸν γενέσθαι nicht zu viel schließen; denn sie besagen doch eben nichts anderes, als daß Philipp dann durch seine Thaten die Grenze des sonst den Menschen Möglichen überschritten haben werde; der Gedanke an einen wirklichen göttlichen Kult, der ihm dann zuteil werden müsse, ist daraus an sich nicht abzuleiten, wie auch die oben erwähnte Huldigung, die Philipp sich bei dem Hochzeitsfest zu Aegae erweisen ließ, wohl noch keinen Anspruch auf wirklichen Kult bezeichnet. Von Bedeutung ist ja die Stelle des Briefes überhaupt nur, wenn sie von Isokrates selbst herrührt oder wenigstens der nämlichen Zeit, in der der Brief geschrieben sein will — unmittelbar nach der Schlacht bei Chaeronea — angehört. Ich kann nun nicht finden, daß die Gründe, die v. Wilamowitz, Aristoteles und Athen II. 395 f., für die Unechtheit anführt, schlagend sind, denn in das Zeugnis des

So wäre denn scheinbar auch die Monarchie Alexanders aus den Voraussetzungen der staatlichen Entwickelung, wie des politischen Denkens und religiösen Empfindens der Hellenen zu erklären; und doch, wenn wir auch zugeben, daß die Apotheose einzelner Menschen der religiösen Vorstellungswelt der Griechen nicht durchaus fern lag, und wir daran nicht den „Maßstab des Monotheismus der jüdischen Propheten und der altchrist-lichen Gemeinden"[1]) legen dürfen, so werden wir doch den Charakter der „Göttlichkeit" im Königtum Alexanders und seiner Nachfolger wesentlich anders beurteilen müssen, als jene früheren Ansätze zu einer Heroisierung oder sogar Vergötterung hervor-ragender Menschen; denn das Wesentliche an der durch Alexander begründeten Neubildung ist, daß der Kult, der der Person des Monarchen dargebracht werden sollte, allgemeine, für das ganze Reich verpflichtende Geltung haben sollte, daß er zu einer Grundlage des politischen Verhältnisses, in dem die Unterthanen zum Herrscher standen, gemacht wurde.

Allerdings ist es gerade in bezug auf Alexander neuerdings auf das Entschiedenste bestritten worden, daß dieser eine solche göttliche Verehrung seiner Person gefordert habe[2]); aber durchaus mit Unrecht. Es handelt sich hier vor allem um die ihm seitens der hellenischen Staaten zugestandenen göttlichen Ehren, von denen unsere unmittelbare geschichtliche Überlieferung so gut wie nichts berichtet, und die wir nur aus mehr beiläufigen, gelegent-lichen Erwähnungen erschließen können. Sicher bezeugt ist jedenfalls, daß in Athen ein Antrag auf göttliche Verehrung des makedonischen Königs gestellt, sehr wahrscheinlich auch, daß

Aphareus und Demetrios von Phaleron über den freiwilligen Tod des Isokrates braucht nicht auch die Motivierung bei Dionys von Halikarnaß: ἀδήλου ἔτι ὄντος, πῶς χρήσεται τῇ τύχῃ Φίλιππος (ed. Reiske V. 537) mit eingeschlossen zu werden. Belochs Urteil (Gr. Gesch. II. 574, 1), daß, wenn der Brief nicht echt sein sollte, er doch wenigstens im Geiste des Isokrates geschrieben sei, scheint mir das Richtige zu treffen.

[1]) E. Schwartz, Zur Geschichte d. griech. Romans S. 107. Vgl. auch schon Droysen, Gesch. d. Hellen. I. 2 S. 271 f.

[2]) Vor allem von Niese, Hist. Zeitschr. N. F. Bd. 43 S. 1 ff.

dieser Antrag zum Beschluß erhoben wurde. Die Auffassung,
daß es sich hierbei nicht um einen Wunsch oder Befehl Alexanders selbst gehandelt habe[1]), ist kaum haltbar; schon die Äußerungen der Redner, des Deinarchos und Hypereides[2]), machen
sie unwahrscheinlich; denn wenn der erstere dem Demosthenes
den Ausspruch in den Mund legt, man dürfe dem Alexander
die himmlischen Ehren nicht streitig machen (ὡς οὐ δεῖ τῶν ἐν
οὐρανῷ τιμῶν ἀμφισβητεῖν Ἀλεξάνδρῳ) und namentlich letzterer
sagt, Demosthenes habe in der Volksversammlung dem Alexander zugestanden, Sohn sowohl des Zeus als auch des Poseidon
zu sein, wenn er wolle (καὶ τοῦ Διὸς καὶ τοῦ Ποσειδῶνος
εἶ[ναι εἰ βού]λοιτο), so liegt doch jedenfalls hiernach der Schluß
sehr nahe, daß Alexander um den Antrag vorher gewußt und
seine Annahme wenigstens gewünscht habe[3]).

Es ist nun die Ansicht ausgesprochen worden, daß die göttliche Verehrung Alexanders durch einen Beschluß des hellenischen
Synedrions, der Vertreter des griechischen Bundes, veranlaßt
worden sei[4]). Gegen diese Auffassung würde nicht unbedingt
sprechen, daß — nach einer in ihrem Kerne jedenfalls unanfecht-
baren Nachricht — auch in Sparta der Antrag gestellt wurde,
Alexander als Gott zu ehren; denn es ist, aus Gründen, die
ich anderwärts dargelegt habe[5]), wahrscheinlich, daß die Lakedämonier nach der Schlacht bei Megalopolis dem griechischen
Bunde beigetreten sind; äußerst unwahrscheinlich aber ist es,
daß das Synedrion in einer so tiefgreifenden Frage, gegen Ende
der Regierung Alexanders, also in einer Zeit, in der wir von
einer Thätigkeit der griechischen Bundesversammlung überhaupt

---

[1]) Niese a. O. S. 14 f.

[2]) Deinarch I. 94. Hyper. I. frg. 8, 30. Bl.

[3]) Man braucht nur einmal unbefangen des Hypereides Rede gegen
Demosthenes zu lesen, namentlich die Worte VIII. Z. 14 ff., und man wird
sich der Folgerung nicht entziehen können, daß es nur das Machtgebot
Alexanders war, dem die Athener sich fügten, wenn sie den Kult des
Königs einführten (vgl. auch Val. Max. VII. 2 ext. 13).

[4]) Niese a. O. S. 14.

[5]) Rh. Mus. LII. S. 548.

keine sichere Nachricht mehr haben, eine entscheidende Initiative ergriffen haben sollte[1]).

Wir haben ja nun aber auch, in der bestimmtesten Form und in einem Zusammenhange, der jedes Mißverständnis ausschließt, die Nachricht, daß Alexander eine Botschaft an die Hellenen gesandt habe, die in der Forderung göttlicher Ehren für seine Person bestanden habe[2]). Niese weist allerdings diese Tradition als eine unbeglaubigte mit der Begründung zurück, auf eine Anekdote, die nur bei einem späten Sammler, wie Aelian, sich finde, sei nichts zu geben. Nun will ich gewiß keine Lanze für Aelian brechen, aber alle Nachrichten desselben ohne weiteres zu verwerfen, geht doch auch nicht an; unter vielem Schutt findet sich auch einiges Brauchbare, und hier wird das, was er berichtet, durch die sonstigen Andeutungen unserer Überlieferung bestätigt. Es kommt hinzu, daß die Argumentation, wodurch die Forderung Alexanders als thöricht bezeichnet wird, „er habe nicht durch sein Verlangen von den Menschen gewinnen können, was ihm durch seine Natur versagt gewesen sei,"[3]) nicht den Eindruck macht, als rühre sie erst von einem späten Anekdotensammler her; eine unmittelbare Parallele dazu bietet vielmehr der Ausspruch des Timaios (bei Polybios XII. 12 b 3),

---

[1]) Für eine Beantwortung der Frage, ob die bei Arrian VII. 23, 2 erwähnten Festgesandtschaften (θεωροί), die Alexander wie einen Gott bekränzen sollten, Gesandte des hellenischen Synedrions oder einzelner hellenischer Staaten gewesen seien, liegt keine sichere Grundlage vor. Es wäre ja möglich, daß, soweit es sich um eine reine Form handelte, auch damals noch das Synedrion als Gesamtvertretung von Hellas in Wirksamkeit getreten sei. Wenn allerdings kurz vorher Arrian (VII. 19, 1) das Eintreffen hellenischer Gesandtschaften bei Alexander erwähnt und hinzufügt: ὑπὲρ ὅτων μὲν ἕκαστοι πρεσβευσάμενοι οὐκ ἀναγέγραπται, und dann die Vermutung ausspricht, daß sie wohl meistens den Zweck gehabt hätten, den König wegen der glücklichen Vollendung des indischen Feldzuges zu beglückwünschen und zu bekränzen, so spricht der Wortlaut der Arrianischen Stelle ganz entschieden dafür, daß auch diese wesentlich formellen Akte damals von den einzelnen Staaten ausgingen.

[2]) Aelian. v. h. II. 19 und, nach derselben Quelle, Plut. apophth. Lac. p. 219 e.

[3]) Aelian. a. O.

daß der Philosoph Kallisthenes sein späteres Schicksal verdient
habe, weil er einer sterblichen Natur Aegis und Blitz beigelegt
habe[1]).

In einer früheren Erörterung dieser ganzen Frage habe
ich noch auf eine andere Quelle unserer geschichtlichen Erkenntnis, aus der wir den göttlichen Charakter der Monarchie
Alexanders erschließen können, hingewiesen, nämlich auf die
Münzen. Da auch die hieraus gezogenen Folgerungen bestritten
worden sind[2]), sei es mir gestattet, noch einmal kurz die entscheidenden Momente hervorzuheben. Ich sehe von der bei dem
heutigen Stande der Forschung wohl nicht bestimmt zu beant-
wortenden Frage ab, ob bereits auf den bei Lebzeiten Alexanders geprägten Münzen sich eine Annäherung des Heraklestypus
an das Bild Alexanders selbst feststellen lasse; sicher ist aber,
daß wir schon unmittelbar nach Alexanders Tode, in Ägypten
wie in Syrien, Münzen mit dem Bilde des vergöttlichten Königs
finden, und weiter, daß dann bereits die ersten Nachfolger desselben, die Gründer der Diadochenreiche, Ptolemaios, Seleukos,
Demetrios, vielleicht auch Lysimachos, Münzen mit ihrem eigenen
Bilde prägen[3]). Es ergibt sich daraus doch wenigstens soviel,
daß jedenfalls bald nach dem Hinscheiden des makedonischen Er-
oberers eine Darstellung desselben in vergöttlichtem Typus auf
Münzen sehr nahe lag, daß also wahrscheinlich seine Regierung
selbst hierfür die Bahn gebrochen, den Grund gelegt hatte, auf
dem dann staatskluge Männer, wie Ptolemaios und Seleukos,
weiter bauten; es ergibt sich weiter, daß für das ungefähr
gleichzeitig in den verschiedenen Diadochenreichen uns entgegentretende neue System, dem zufolge die Regenten ihr eigenes

---

[1]) Den Ausspruch, den sowohl Aelian als der Verfasser der lakonischen
Apophthegmensammlung einem Lakedämonier in den Mund legen: „wenn
Alexander Gott sein will, soll er Gott sein", könnten wir wohl preisgeben;
doch ist er an sich durchaus nicht unwahrscheinlich; er besagt im wesentlichen
dasselbe, wie das dem Demosthenes von Hypereides zugeschriebene Wort
(I. frg. 8, 30).

[2]) Von Niese a. O. S. 15 f.

[3]) Die Belege hierfür habe ich Hist. Zeitschr. N. F. Bd. 38 S. 33 ff.
gegeben.

Bild, mit göttlichen Emblemen oder ohne dieselben, auf ihre Münzen setzen, der Boden wohl vorbereitet war. Ob wir dabei der Persönlichkeit Alexanders selbst oder einem seiner ersten Nachfolger den entscheidenden Anstoß zu dieser Neuerung zuzuschreiben haben, dürfte doch wohl für eine wirklich geschichtliche Auffassung nicht lange zweifelhaft bleiben[1]). Jedenfalls ist aber auch das, was für unsere Betrachtung die Hauptsache ist, daß wirklich eine neue Form, eine neue Begründung der Monarchie angedeutet wird, unabhängig von der Beantwortung der Frage, wessen Initiative die maßgebende Bedeutung für jene bildliche Darstellung der Person des Monarchen auf Münzen zugeschrieben werden müsse.

Man möchte geneigt sein, aus der Entwicklung des Individualismus, wie sie in dem gesamten geistigen und politischen Leben von Hellas seit dem 4. Jahrhundert uns entgegentritt, auch die Thatsache, daß jetzt Herrscherpersönlichkeiten ihr eigenes Porträt auf ihren Münzen prägen lassen, abzuleiten; gewiß hat diese individualistische Entwicklung hierzu beigetragen, wie zur Ausbildung der neueren monarchischen Staatsform überhaupt; aber sie genügt nicht zur Erklärung; denn das Bild des Königs tritt dem Gotte oder Heros, dessen Bild bisher allein auf Münzen erschienen war, zur Seite oder an seine Stelle; und teilweise werden dem Bilde offenbar göttliche Embleme beigefügt, wie gerade auch das Alexanderbild durch solche als ein göttliches bezeichnet wird. Also hat die Prägung mit dem Bilde des Herrschers eine zugleich religiöse und politische Bedeutung; sie zeigt an, daß in der Person des Königs eine göttliche oder gottähnliche Macht verehrt werden soll. Die Auffassung, die ich an anderem Orte ausgesprochen habe[2]), daß an Stelle der Gottheit, die nach griechischer Anschauung den Bestand des Staatswesens, auf dessen Münzen ihr Bild geprägt

---

[1]) Wenn Niese a. O. S. 16 gegen meine Auffassung bemerkt: „Also auch für das, was nach seinem Tode geschah, wird Alexander verantwortlich gemacht“, so braucht eine solche Bemerkung wohl nicht ausführlich widerlegt zu werden.

[2]) Hist. Zeitschr. N. F. Bd. 38 S. 35.

wurde, schützte und sanktionierte, oder wenigstens ihr zur Seite
der König stehe, der nun die Verkörperung des auf seine Göttlichkeit begründeten Staates in seiner selbständigen Existenz be-
zeichne, findet eine bemerkenswerte Bestätigung in einer interessanten numismatischen Beobachtung[1]). In verschiedenen klein-
asiatischen Städten begegnet uns auf Münzen, die der Zeit
zwischen dem Frieden mit Antiochos dem Dritten und der Einrichtung der römischen Provinz Asien angehören, neben dem
teilweise in archaischem Typus dargestellten Bilde einer Gottheit
die Angabe des Namens derselben, und zwar, was besonders
bemerkenswert ist, im Genetiv[2]), also in derselben Form, in welcher
der Name der Könige, unter deren Herrschaft früher die Münzen
geprägt worden waren, angegeben war. Es gelangt hierin doch,
wie es scheint, die Anschauung zu ihrem Ausdruck, daß die
Gottheit an Stelle des Königs getreten ist, daß vorher der
König als Beherrscher der Stadt den Platz einnahm, der jetzt
in der befreiten Stadt ausschließlich dem Gott als dem Schirmer
und Hort der Freiheit und Selbständigkeit zukommt.

Wenn wir Wesen und Bedeutung der von Alexander gegründeten Monarchie verstehen wollen, genügt es nicht, die An-
knüpfungen nachzuweisen, die eine Apotheose lebender Persönlichkeiten in gewissen religiösen und ethischen Anschauungen der
Griechen fand, sondern wir müssen fragen: wie mußte dieses
Königtum, wenn es zu einem allgemeinen und unbedingte Geltung fordernden Fundamente des politischen Lebens gemacht
wurde, auf die Hellenen wirken? Ließ es sich in den Rahmen
der politischen Entwickelung, der grundlegenden politischen Anschauungen der Hellenen einfügen? Oder wurden damit die
Voraussetzungen, auf denen für diese das staatliche Leben beruhte, völlig andere?

---

[1]) Diese Beobachtung hat Herr Professor Pick in Gotha gemacht,
dessen freundlicher Mitteilung ich ihre Kenntnis verdanke.

[2]) So Ἀπόλλωνος Ἀκταίου in Parion, Ἀπόλλωνος Σμιθέως im
troischen Alexandreia, Ἀθηνᾶς Ἰλιάδος in Ilion, Ἀρτέμιδος Περγαίας in Perge.
Ähnlich dürften vielleicht auch die Prägungen von Thasos mit: Ἡρακλέους
Σωτῆρος und von Maroneia mit: Διονύσου Σωτῆρος aufzufassen sein.

Da kann denn zunächst für eine unbefangene Betrachtung kein Zweifel darüber obwalten, daß das, was dieses Königtum für sich forderte, der orientalischen Praxis und der orientalischen Auffassung viel näher stand, als der hellenischen. Die Proskynese, wie sie im persischen Reiche bestand, und wie sie Alexander als Nachfolger der persischen Könige für sich verlangte, bezeichnet allerdings noch nicht unbedingt, daß der König als ein Gott angesehen und verehrt werden sollte; für das hellenische Empfinden, das eine derartige Ehrung nur den Göttern zugestand, bedeutete sie aber offenbar einen solchen Anspruch göttlicher Verehrung: und mag auch die geschichtliche Frage, ob Alexander diese Form des feierlichen Verkehrs der Unterthanen mit dem Könige auch auf die Makedonier und Griechen auszudehnen beabsichtigt habe, verschieden beantwortet werden, so kann doch kein Zweifel sein, daß gerade das für die Regierung Alexanders charakteristische Bestreben, die verschiedenen Bestandteile seines Herrschaftsgebietes unter einander zu verschmelzen, sehr geeignet war, jene orientalische Form der Darstellung der Monarchie in dem gesamten Reiche zur herrschenden zu machen. Es sollte doch aber auch weiter nicht bestritten werden, daß in Alexanders Königtum sich eine der orientalischen Anschauung innerlich verwandte Tendenz offenbart, und daß es orientalische Elemente in sich aufnahm.

Die Vergöttlichung Alexanders zeigt sich zuerst auf ägyptischem Boden; sie hat zunächst eine rein ägyptische Lokalfarbe; dadurch, daß Ammon den König als seinen Sohn proklamiert, wird dieser zum legitimen Nachfolger der Pharaonen[1]). Das Charakteristische und Bedeutende an der Entwickelung ist nun aber, daß das, was zunächst bloß für Ägypten galt, im Glauben der ägyptischen Bevölkerung bestand, von Alexander in der weiteren Folge seiner Pläne und Eroberungen zu seiner sich immer mehr ausbildenden Weltmacht in Beziehung gesetzt, zum

---

[1]) Sehr anschaulich ist das neuerdings von Maspéro, Annuaire de l'École des Hautes Études, 1897 S. 5 ff. geschildert worden, der auch die Entstehung der im Alexanderroman enthaltenen Sage von der Geburt Alexanders in innerlich wahrscheinlicher Weise abzuleiten weiß.

Fundament seines Weltreiches gemacht wurde. Wenn einzelne
unserer Quellen berichten, daß der Gott ihm „Sieg in allen
Kriegen und Besitz aller Länder verheißen habe", so war dies
an sich der gewöhnliche ägyptische Styl, demzufolge der Gott
dem Könige „Sieg verleiht, ihm gewährt, alle Länder und alle
fremden Gebiete seinen Füßen zu unterwerfen"[1]), und damit
zunächst nur eine hergebrachte offizielle Formel; ihre Bedeutung
gewann sie dadurch, daß Alexander das, was sie aussprach, zur
Wahrheit machte.

Und, wie die ägyptische Pharaonenherrschaft durch die göttliche Verehrung des Monarchen, so bot das persische Reich durch
seine universalen, einen großen Teil der bekannten Welt umfassenden, ja der Idee und dem Anspruche nach die ganze Erde
umspannenden Tendenzen für Alexanders Regiment eine doch
sehr wesentliche, innerliche Anknüpfung[2]).

Das Prinzip der Vergöttlichung gewann in der Monarchie
Alexanders erst dadurch seine volle Bedeutung, daß es eine
Weltmonarchie war und sein sollte, die in der Person des großen
Makedoniers verkörpert war, eine grundsätzlich an keine Schranken
der Nationalität oder einzelner Länder gebundene Weltherrschaft[3]).

[1]) Maspéro a. O. S. 17. Durch diese Übereinstimmung mit den
ägyptischen Dokumenten gewinnen doch die Berichte Justins (XI. 11, 10),
Diodors (XVII. 51, 2; vgl. 93, 4) und des Curtius (IV. 7, 26), die Niese
wieder ohne weiteres verwirft, wenigstens in ihrem Kerne eine sehr bemerkenswerte Bestätigung.

[2]) Vgl. meine Bemerkung Hist. Zeitschr. N. F. Bd. 38 S. 28, 2.

[3]) Die Belege hierfür habe ich in meiner schon öfters erwähnten Ab-
handlung, Hist. Zeitschr. Bd. 38 S. 24 ff., gegeben. Die dort enthaltene
Erörterung ist durch Niese, auf dessen Einwände genauer einzugehen hier
nicht der Ort ist, durchaus nicht widerlegt. Meine Auffassung, daß Alexander zum östlichen Weltmeer vorzudringen, eine Verbindung mit demselben
herzustellen geplant habe, gründet sich keineswegs ausschließlich oder hauptsächlich, wie es nach Nieses Darstellung a. O. S. 24 erscheint, auf die von Arrian
(V. 26) dem Alexander in den Mund gelegte Rede; auch ich halte diese
Rede nicht für historisch, sondern für erfunden, aber sie enthält doch einzelne
Elemente geschichtlicher Kunde. Vor allem beruht die Nachricht, daß Alexander den Befehl zur Ausrüstung einer Rekognoszierungsflotte auf dem
kaspischen Meere gegeben habe, um einen eventuellen Zusammenhang mit

Das war das kosmopolitische Prinzip, das Alexander zur Durch=
führung brachte; dafür brauchte er eine Legitimation, und diese
gewährte ihm seine Göttlichkeit; ein auf nationaler Basis
ruhendes und bleibendes Königtum, wie das Philipps, bedurfte
einer solchen Legitimität nicht; je mehr der kosmopolitische
Charakter der Herrschaft sich ausprägt, desto größere Wichtigkeit
erhält die göttliche Verehrung, die Apotheose, wie wir dies
namentlich auch an der Entwickelung des römischen Kaisertums
sehen werden. Der entscheidende Konflikt, der hierdurch bedingt
war, bestand darin, daß jetzt dem Anspruch des einzelnen Staates
auf eine selbständige Existenz, dem Anspruch der hellenischen
Bürger auf Autonomie und Freiheit die absolute Macht eines
Alleinherrschers, der zugleich ein Weltherrscher war, entgegen=
trat; und diese Macht sollte dadurch eine legitime werden, sollten
die Hellenen selbst dadurch legalisieren, daß sie ihrem Träger
eine göttliche Verehrung zu teil werden ließen, während bisher
die hellenischen Götter gerade die Vertreter und Schirmer der
einzelnen Staaten in ihrer Selbständigkeit und in ihrer beson=
deren Existenz gewesen waren. Die Verehrung der heimischen
Gottheiten bildete eins der wesentlichsten Fundamente des öffent=
lichen Lebens in den hellenischen Gemeinden, die Religion war
auf das engste mit dem Staate verwachsen, sie bedeutete für den

dem östlichen Meere aufzufinden, auf einem unantastbaren Zeugnisse Arrians
(VII. 16, 1 f.), das auch Niese nicht zu beseitigen vermag, wenngleich er
es thatsächlich seines Wertes beraubt. Einen König, wie Alexander, in die
damals herrschenden geographischen Anschauungen so festzubannen, daß er
auch nicht einmal den Versuch gemacht haben soll, deren Schranken zu über=
schreiten, wie Niese uns zumutet, scheint mir doch eine sehr wenig historische
Auffassung zu sein, um so mehr, als die Spuren einer älteren Anschauung,
nach der das kaspische Meer mit dem östlichen Ozean in Verbindung stehen
sollte, nicht fehlen (vgl. H. Berger, Gesch. der wissensch. Erdk. d. Gr. S. 31 ff.
Niese (S. 35) hat es sich in der Beseitigung dieser Spuren wieder etwas
leicht gemacht). Den indischen Feldzug Alexanders — auch in der uns
thatsächlich vorliegenden Ausführung, wenn wir von allen weiteren Plänen
des Königs absehen — zu erklären, hat Niese nicht vermocht, nicht einmal
einen ernsten Versuch dazu gemacht. Auch ist es ihm nicht gelungen, den
Diod. XVIII. 4 enthaltenen Bericht über die letzten umfassenden Pläne
Alexanders zu entwerten.

freien Griechen die Lebensluft, die er von früh auf einatmete,
stand in unmittelbarem, innigem Zusammenhange mit seinem
persönlichen, politischen Dasein; die religiöse Pflicht war zugleich
eine Pflicht des Staatsbürgers. In dem Kulte, den der Bürger
der Gottheit seines Staates darbrachte, unterwarf er sich nicht
bloß dieser, erkannte ihre Macht und ihr göttliches Walten an,
sondern verpflichtete sich zugleich dem heimischen Staate selbst,
mit dessen Bestand und Gedeihen eben jene Gottheit auf das
innigste verbunden war. Wenn jetzt der Herrscher eines ge-
waltigen, weltumfassenden Reiches sich göttliche Verehrung in
den griechischen Gemeinden darbringen und damit in die Staats-
götter einreihen ließ, so lag darin, daß die Grundlagen
der politischen Existenz für die Hellenen andere
geworden waren[1]). Den einzelnen selbständigen Staaten
mit ihrem Anspruche, ihren Bürgern die höchste Quelle des
Rechts und die verpflichtende Norm des Lebens zu sein, stand
jetzt ein einheitliches Reich entgegen, in dem der Wille eines Einzelnen unbedingt herrschte, neben dem es keine andere selbständige
Autorität gab und geben konnte. Es handelt sich also gar
nicht, wie man gemeint hat, vor allem um die Frage, ob es
hellenisch empfindenden Menschen möglich gewesen sei, eine lebende
Persönlichkeit göttlich zu verehren; in gewissen Grenzen mag
dies zugestanden werden und ist auch vorher von uns zugestanden
worden; das Entscheidende ist vielmehr, daß jene Verehrung als
ein allgemeines Gesetz den hellenischen Staaten von dem auf-
erlegt wurde, der der größte Gegner ihrer Freiheit und Selbständigkeit war[2]). Jetzt bestand nicht mehr die Form der Hegemonie, die unter Philipp das Verhältnis des makedonischen

---

[1]) Auf das religiöse Moment, darauf, daß der Kultus des Weltherrschers dazu beitragen mußte, die selbständige Bedeutung der einzelnen
nationalen und lokalen Gottheiten aufzusaugen, habe ich Hist. Zeitschr.
Bd. 38 S. 225 f. hingewiesen.

[2]) Ich glaube nach der oben gegebenen Darstellung auf die Auffassung
v. Wilamowitz' (Arist. und Athen I. 337 f. Anm. 38) von der Apotheose
Alexanders nicht noch ausführlicher eingehen zu müssen. Wenn dieser
Forscher sagt: „nicht in dem, was er verlangte, liegt die ὕβρις Alexanders,
sondern darin, daß er etwas verlangte, was kein König erzwingen kann.

Königtums zu Hellas charakterisierte; diese war mit dem Königtum Alexanders, das seiner Natur nach ein unbedingtes Herrscherrecht geltend machte, im Prinzip und auf die Dauer nicht mehr
vereinbar.

Ziehen wir die Summe aus den vorstehenden Betrachtungen,
so finden wir allerdings, daß das durch Alexander repräsentierte
Königtum sich in manchen Beziehungen mit der insbesondere
durch die Sokratische oder nachsokratische Philosophie beeinflußten
oder in ihr sich darstellenden geistigen Entwickelung von Hellas

---

Gefühl, Glauben", so ist darin wenigstens die Anerkennung der Thatsache
eingeschlossen, daß es sich bei dem Kulte des Königs um eine Forderung
Alexanders handelte und dadurch diese sakralen Ehren aus der freien Sphäre
des Gefühls herausgehoben waren. Im übrigen sind die Bemerkungen
v. Wilamowitz' so subjektiver Natur, daß sie eine sachliche Widerlegung
kaum zulassen, wenn auch für eine geschichtliche Anschauung, die der
Monarchie, namentlich der nationalen Monarchie, eine große Bedeutung
für das innere und äußere Leben der Nationen beimißt, aller Anlaß vor-
liegt, gegen die Bemerkung, daß der Königskult von einer wirklichen Monarchie
nicht zu trennen sei, Widerspruch zu erheben, um so mehr, wenn die Art
der Empfindung, die hier Königskult genannt wird, mit dem Kulte Alexanders und seiner Nachfolger in Parallele gebracht wird (vgl. auch die
höchst merkwürdigen Parallelen im 2. Bande S. 416). — Das Verhältnis
zu Ammon war natürlich nur eine Form, in der die Idee der Göttlichkeit
ausgeprägt wurde, aber unwesentlich und unwirksam war doch diese Form
durchaus nicht. Genealogische Folgerichtigkeit darf man allerdings, wie ich
gegen Niese a. O. S. 11 bemerken möchte, hier nicht erwarten; einen Kate-
chismus mit einzelnen genealogischen Lehrsätzen, auf welche die Bewohner
des Reiches verpflichtet wurden, gab es natürlich nicht. — Gegenüber der
jetzt bestehenden Neigung, die Vergötterung lebender Menschen als etwas
den Griechen besonders nahe liegendes anzunehmen, möchte ich übrigens
doch noch die abweichende Ansicht eines Kenners, wie E. Rohde, anführen,
der in seiner Rede über die griechische Religion, Heidelberg 1895, S. 21
von den „ehernen Schranken spricht, die im griechischen Volksglauben die
zwei Reiche des Göttlichen und Menschlichen streng von einander scheiden"
und weiter darauf hinweisen, daß es gerade in der Zeit nach Alexander
auch nicht an prinzipieller religiöser Opposition gegen jene Apotheose gefehlt
hat. Ich erwähne außer den bereits vorher citierten Stellen des Timaios und
Aelians namentlich die Verse des Philippides bei Plut. Demet. 12: τὰς
τῶν θεῶν τιμὰς ποιοῦντ' ἀνθρωπίνας. ταῦτα καταλύει δῆμον, οὐ κωμῳδία
(vgl. Poehlmann, Aus Altert. u. Gegenw. S. 286, 3).

berührt, daß es aber durchaus nicht als ein Produkt derselben
oder als eine Fortbildung der Grundlagen des alten griechischen
Wesens und Lebens angesehen werden kann. Das Weltreich
Alexanders konnte wohl als eine Verwirklichung der kosmopolitischen Tendenzen der griechischen Philosophie erscheinen;
unter seinem Einflusse vor allem hat sich wahrscheinlich auch
erst eine engere Verbindung der monarchischen Idee mit dem
Kosmopolitismus vollzogen; und doch, bei aller Verwandtschaft,
welch' ein Unterschied zwischen der philosophischen Abstraktion
eines Weltbürgertums und der Weltherrschaft des großen Makedoniers, die sich, wie mit eisernen Klammern, als eine harte
und gewaltige Realität um alle die besonderen Bildungen des
staatlichen Lebens in Hellas legte!

In Alexander war allerdings ein König erstanden, dessen
Wille wirklich als lebendiges Gesetz sein Reich erfüllen konnte,
aber wie nun, wenn die Personalunion zwischen dem Philosophen
und dem Herrscher, die doch nur in der Idee bestand, vor der
harten Wirklichkeit dahinschwand und sich auflöste, und das
„Göttliche", das im Philosophen waltete, mit der Göttlichkeit
des Monarchen in Konflikt kam, die Freiheit des philosophischen
Individuums, das die Weltvernunft in sich repräsentiert glaubte,
in Widerspruch geriet mit dem Gesetze des Weltherrschers? Wir
begreifen es also, wenn gerade Alexanders Weltmonarchie dazu
beitrug, den Bund zwischen Philosophie und Monarchie, der
doch bisher im wesentlichen nur in der Idee bestand, wieder zu
lösen oder wenigstens sehr zu lockern.

Das Königtum der Diadochen- und Epigonenzeit unterscheidet sich grundsätzlich, soweit wir zu erkennen vermögen,
wenig von dem Alexanders. Es ist ebenso wenig national, wie
dieses, und bedarf deshalb der religiösen Legitimation, die vornehmlich in dem Kulte, der dem Herrscher erwiesen wurde, ihren
Ausdruck fand. Unsere Darstellung hat nicht die Aufgabe, die
Stufen der Ausbildung dieses Kultes, die verschiedenen Formen
seiner Ausprägung genauer zu verfolgen[1]; sicher ist, daß sowohl

---

[1] Einige Andeutungen über diese Entwickelung habe ich Rhein. Mus.
LII. S. 64 ff. gegeben.

die Ptolemäer, wie auch die Seleukiden — um nur die beiden
größten Diadochenherrschaften zu nennen — einen offiziellen
Herrscherkult in ihren Reichen eingerichtet haben[1]); wahrscheinlich ist es, daß sie dabei einen Plan, den bereits Alexander ge-
hegt hatte, zur Ausführung brachten. Es scheint mir nun eine
ebenso charakteristische, wie bisher nicht genügend gewürdigte
Thatsache zu sein, daß gerade das makedonische Königtum, besonders unter Antigonos Gonatas und Antigonos Doson, der
Versuchung, eine solche religiöse Begründung und Legitimierung
für die Herrschaft zu gewinnen, erfolgreich widerstanden hat;
ihre Erklärung findet diese Thatsache darin, daß eben jenes
Königtum noch eine nationale Basis hatte, und daß die genannten Herrscher in der Beschränkung auf diese nationale Grundlage die Stärke ihres Regimentes erkannten. Die übrigen
Diadochenmonarchien haben aber durchaus und ausschließlich
dynastischen Charakter; das dynastische Prinzip hat über das
nationale völlig gesiegt. Das dynastische Element fehlt auch in
der früheren griechischen Geschichte nicht völlig; wir finden es
namentlich in den Tyrannenherrschaften, aber es bezeichnet hier
nur vorübergehende Phasen des politischen Lebens; jetzt wird
es zum dauernden und ausschließlichen Fundament desselben.
Für die Art der von den Diadochen begründeten Herrschaften
macht es keinen wesentlichen, innerlichen Unterschied, ob sie in
Ägypten, Syrien oder anderswo bestehen; sie haften ihrer Natur
nach nicht an einem bestimmten Lande. Auch die Ptolemäerherrschaft in Ägypten ist an sich keine in den Eigentümlichkeiten
des Landes und Volkes wurzelnde Erscheinungsform der
Monarchie; die eigenartige Gestaltung des Landes, seine Abgeschlossenheit haben es ihr nur ermöglicht, die ihr zu grunde
liegende Idee in vorzüglich erfolgreicher und wirksamer Weise
zu verwirklichen, und in den geschichtlichen und religiösen Traditionen Ägyptens, die ja auch bereits auf die Alexandermonarchie
eingewirkt haben, fand sie einen besonders günstigen Boden, um

---

[1]) Über den Reichskult der Seleukiden und seine politische Bedeutung
vgl. meine Bemerkung im Rh. Mus. a. O. S. 65, 2.

die ihr innewohnenden Tendenzen zur Ausführung zu bringen,
wie sie sich denn im Verlaufe der Entwickelung in ihrer äußeren
Darstellung auch immer mehr den religiösen Vorstellungen und
Sitten der einheimischen Bevölkerung angepaßt hat.

Allerdings wird man bei einem Vergleiche der ptolomäischen
und seleukidischen Monarchie die beträchtlichen Unterschiede in
der Durchführung des beiden gemeinsamen Herrschaftsprinzipes
nicht verkennen dürfen; man wird betonen müssen, daß die
Seleukiden, namentlich in der Tendenz, die verschiedenen Bestandteile des Reiches zu verschmelzen, — eine Tendenz, die sich
vor allem auch auf dem Gebiete des Heerwesens zeigt —, dem
Vorbilde Alexanders, wenn auch nicht gleich, so doch näher gekommen sind, als die Ptolemäer; indessen erklärt sich dieser
Unterschied zum großen Teile daraus, daß die Seleukiden direkter
und in viel weiterem Umfange in das Erbe Alexanders eingetreten sind, als Herrscher eines Reiches, das aus vielen
Völkern gemischt war und gerade in seinem eigentlichen Zentrum,
Syrien und den Euphratländern, aus unzähligen Herrschafts-
trümmern bestand, während die Nationalität des ptolemäischen
Hauptlandes Ägypten eine einheitliche, durch die Traditionen
einer Jahrtausende alten Geschichte fest in sich abgeschlossene war.
Diese Unterschiede weiter zu verfolgen, ist nicht Aufgabe dieser
Darlegung, die vor allem die den hellenistischen Herrschaften gemeinsame Grundlage zum Ausdruck bringen soll; hervorzuheben
ist nur noch ein wichtiger, thatsächlicher Unterschied, der dem
Reiche Alexanders selbst gegenüber besteht: er liegt darin, daß
die Weltherrschaft, wie sie dieser begründet hatte, nicht von
Bestand war, wenngleich die universalen Tendenzen zum Teil
auch noch unter seinen Nachfolgern blieben und die Idee eines
Weltreiches in der Folgezeit nicht verloren ging. Und es war
doch von nicht geringer Bedeutung, daß das in der Monarchie
zur Darstellung gelangende Prinzip der Göttlichkeit an Wirksamkeit verlor, wenn es nicht mehr mit der Macht eines Weltherrschers verbunden war, wenn die verschiedenen rivalisierenden
Ansprüche neben einander standen und sich so im Widerstreite
der verschiedenen Gewalten mehr oder weniger neutrale Gebiete

bildeten, die namentlich auch einzelnen griechischen Staaten noch Raum zu einer gewissen Selbständigkeit ließen. Die Grundlage der Herrschaft blieb an sich trotzdem dieselbe; sie hatte ihre Schranke nur an den thatsächlichen Machtverhältnissen, an der Unmöglichkeit, über einen bestimmten Bereich hinaus die eigene Macht zur Geltung zu bringen.

Die Einsicht in die Notwendigkeit dieser Beschränkung war es, die der ptolemäischen Herrschaft vor allem ihre lange Dauer und Festigkeit gewährte; sie begründete namentlich die Eigenart dieses ptolemäischen Reiches, die dasselbe geradezu als eine Ver-wirklichung des „Gedankens des geschlossenen Staates innerhalb natürlicher Landesgrenzen" hat erscheinen lassen[1]).

Wie in dem Mangel einer nationalen Grundlage zeigt sich der eigentümliche, rein dynastische Charakter der hellenistischen Monarchien in der gesamten Ausgestaltung der politischen In-stitutionen, des staatlichen Lebens im Allgemeinen, wie uns dies am deutlichsten und entschiedensten ausgeprägt im Ptolemäer-reiche entgegentritt. In dem König stellt sich das Reich selbst ausschließlich dar; um ihn als Mittelpunkt konzentriert sich das Dasein des ganzen Staates; seine Person wird Centrum einer Organisation der Verwaltung, eines Heeres von Beamten in mannigfach abgestufter Gliederung, die in dem Dienste des Königs ihre einzige Beglaubigung, ihren alleinigen Beruf haben; das Volk stellt eine „willenlose, unbewaffnete, im höchsten Grade steuerfähige Masse" dar[2]). Auch das ursprünglich nationale makedonische Heer dient jetzt allein dem dynastischen Interesse, wird das wesentlichste Fundament, das wichtigste Werkzeug einer rein dynastischen Politik; die geistigen Kräfte der überlegenen griechischen Kultur werden von den Herrschern vor allem als Machtmittel benutzt; und wenn diese Kultur sich vornehmlich in städtischen Zentren, als ihren Brennpunkten, sammelt, so sind diese Städte nicht mehr das eigentlich konstituierende Element

---

[1]) Wellhausen, israel. u. jüd. Gesch. S. 183.

[2]) Diesen Ausdruck gebraucht J. Burckhardt, Kultur der Renaissance I⁴. S. 4, vom Beamtenstaate Friedrichs II.

der politischen Existenz, die selbständige Grundlage desselben[1]); die Entwickelung geht dahin, sie zu abhängigen Gliedern eines umfassenden Reiches zu machen, eine Entwicklung, die dann erst im römischen Reiche ihr Ziel erreicht, ihren Abschluß findet; nur soweit das Reich nicht die Kraft hat, sich wirklich durchzusetzen, gelangen die Städte noch zu einem gewissen autonomen Bestande.

Der Person des Herrschers dienen vor allem auch die öffentlichen Einkünfte; sie sind „ein Besitz des Königtums", so heißt es an einer Stelle des Suidas[2]). Der König betrachtet den Staat als eine Domäne, die zum teil sehr sorgfältig verwaltet wird, aber durchaus nach privatwirtschaftlichen Gesichtspunkten, denen zufolge es vor allem auf möglichst hohen Ertrag für den Inhaber eines Gutes ankommt[3]); vielleicht gelangten auch im Erbrechte und in der Erbfolge nur die Gesichtspunkte und Normen des griechischen Privatrechts zur Anwendung[4]). Wir kennen diese Regierungspraxis am besten aus der Ptolemäischen Verwaltung, wo sie jedenfalls mit der größten Virtuosität ausgebildet war; wir haben aber keine Ursache, bei den andern Diadochenmonarchien eine prinzipiell andere Auffassung anzunehmen[5]). So ist die Person des Herrschers, das Interesse

---

[1]) Die Frage nach dem Verhältnis der Städte zu der königlichen Zentralgewalt, insbesondere im Seleukidenreiche, ist eine sehr schwierige, und das Material für ihre Beurteilung wie für die Erkenntnis der inneren Verhältnisse der Seleukidenherrschaft überhaupt, ein sehr dürftiges und mangelhaftes; auch die Münzen geben uns doch nur verhältnismäßig geringe Anhaltspunkte, wenngleich wir auch aus ihnen wohl im allgemeinen entnehmen können, daß eben die selbständigere Gestaltung der städtischen Verhältnisse erst in der späteren Periode, zur Zeit des stärkeren Verfalls der königlichen Macht, eingetreten ist.

[2]) „τὰ δημόσια τῆς βασιλείας κτήματα." Suid. u. βασιλεία.

[3]) Vgl. Mommsen, R. G. V. 559 f.; vgl. auch die geistvolle Charakteristik bei Droysen, Gesch. d. Hellen. III. 1 S. 61.

[4]) Vgl. Strack, Die Dynastie der Ptolemäer S. 72 ff.

[5]) Dabei mag immerhin zugestanden werden, daß z. B. die zentralisierte fiskalische Verwaltung der Ptolemäer in den besonderen Traditionen der Pharaonenherrschaft, der, wenigstens zur Zeit des neuen Reiches, der gesamte ägyptische Grund und Boden, mit Ausnahme des priesterlichen Gutes, gehörte, eine Stütze fand.

seines Geschlechtes im wesentlichen Selbstzweck, und dieser Cha=
rakter der Herrschaft kommt gerade in der Göttlichkeit des
Monarchen, im Kulte, der ihm dargebracht wird, zum Aus=
bruck.

Der Vergleich der hellenistischen Monarchie mit den Fürsten=
gewalten der Renaissance liegt nahe und ist schon mehrfach ge=
macht worden; wenn J. Burckhardt[1]) von dem Virtuosentum der
Herrschaft, das den Fürsten der Renaissance eignete, spricht und
hervorhebt, daß jeder sich als den, „der die Herrschaft verdiene,
rechtfertigen und erweisen mußte," so trifft dieses Urteil völlig
zusammen mit dem, was in einem Suidasartikel über die Dia=
dochen gesagt ist, daß diejenigen, die „ein Heer befehligen und
einen Staat verwalten können, in den Stand gesetzt werden,
mächtige Herrschaften zu gewinnen"[2]). Das Bemerkenswerte
und für den Zusammenhang unserer Betrachtung Wichtige ist
nun aber, daß die so erworbenen Gewalten durch die Göttlich=
keit ihrer Träger, die meistens noch ein besonderes genealogisches
Fundament in der Abstammung von einer bestimmten Gottheit,
Zeus oder Apollon oder Herakles, empfängt, ihre Legitimation
erhalten, daß die zur Herrschaft gelangten Diadochen hierdurch
beglaubigt werden als Gründer von Dynastien, die dauernd
große Reiche beherrschen sollen[3]).

Allerdings hat es nun nicht an prinzipiellem Widerspruch
gegen diese monarchische Praxis und Theorie gefehlt; die Philo=
sophie, die ja die Sorge für das Wohl der Unterthanen für
die Aufgabe des Alleinherrschers erklärt hatte, hat sich dagegen
gewandt; wir haben noch ein sehr merkwürdiges Fragment einer

[1]) Kultur d. Renaissance. 1⁴. S. 50.

[2]) Suid. u. βασιλεία: οὔτε φύσις οὔτε τὸ δίκαιον ἀποδιδοῦσι τοῖς
ἀνθρώποις τὰς βασιλείας, ἀλλὰ τοῖς δυναμένοις ἡγεῖσθαι στρατοπέδου καὶ
χειρίζειν πράγματα νουνεχῶς, οἷος ἦν Φίλιππος καὶ οἱ διάδοχοι Ἀλεξάνδρου.
Ungefähr dasselbe sagt bereits Ptolemaios bei Justin XIII. 2, 12; vgl.
meine Bemerkung im Philologus N. F. Bd. X S. 638, 27.

[3]) Daß natürlich diese sakrale Beglaubigung, ursprünglich ein Wider=
schein der äußeren Macht, nur so lange sich als wirksam erweisen konnte,
als es gelang, jene äußere Macht zur Geltung und Darstellung zu bringen,
braucht wohl nicht weiter ausgeführt zu werden.

solchen philosophischen Schrift, die aus der kynisch-stoischen Auffassung hervorgegangen ist, übrig in einem bei Suidas u. βασιλεία
erhaltenen Satze, wo es heißt: „Das Königtum ist ein Besitz
der Gemeinschaft (des Staates), nicht die öffentlichen Einkünfte
ein Besitz des Königtums. Deshalb muß man die unter dem
Zwang und unter der Anwendung von gewaltsamen Mitteln
erfolgenden Erhebungen von Steuern als tyrannische Maßregeln
hassen, aber die Forderungen von Abgaben, die mit Vernunft
und in menschenfreundlicher Gesinnung geschehen, als Beweis
landesväterlicher Fürsorge ehren"[1]. Hieraus können wir ersehen, daß die philosophische Theorie aus der Höhe ihrer

---

[1] ὅτι ἡ βασιλεία κτῆμα τῶν κοινῶν, ἀλλ᾽ οἱ τὰ δημόσια τῆς βασιλείας κτήματα. διὸ τὰς ἐξ ἀνάγκης καὶ μεθ᾽ ὕβρεως εἰσπράξεις ὥσπερ
τυραννικὰς ἀκολασίας μισεῖν δεῖ, τὰς δὲ σὺν λόγῳ καὶ φιλανθρωπίᾳ τῶν
εἰσφορῶν ἀπαιτήσεις ὥσπερ κηδεμονίαν τιμᾶν. Ich weise als auf besonders charakteristische Anhaltspunkte zur Bestimmung des Ursprunges
dieses Fragmentes auf das Wort: φιλανθρωπία, das in der kynischen und
stoischen Anschauung eine so große Rolle spielt, und auf κηδεμονία hin;
κήδεσθαι bezeichnet, wie ich schon hervorgehoben habe, den eigentümlich
philosophischen Begriff einer auf das Wohl der Unterthanen bedachten
Alleinherrschaft. Poehlmann (Aus Altert. u. Gegenw. S. 287 f.) bringt,
nach dem Vorgange von U. Koehler, Berl. Akadem. Sitzungsber. 1891
S. 213, die verschiedenen Excerpte des Suidas u. βασιλεία in Zusammenhang untereinander, sieht in ihnen Überreste einer Darstellung der βασιλεία
aus der Epoche der hellenistischen Monarchien, die eine theoretische Formulierung und Begründung des Caesarismus enthalten habe. Dagegen spricht,
wie ich glaube, schon, daß das eine, von Poehlmann nicht behandelte Excerpt, in dem die βασιλεία als die ἀρχὴ ἀνυπεύθυνος bezeichnet wird, allem
Anscheine nach die bekannte stoische Definition wiedergibt (vgl. Diog. Laert.
VII. 122. Stob. ecl. II. 223 = II. 7, 11 in Wachsm.) Mir scheint, wie
ich bereits oben angedeutet habe, das mittlere Excerpt, in dem von der
Durchbrechung der natürlichen Erbordnung durch die Nachfolger Alexanders
die Rede ist, in dem es zugleich heißt, daß diese gegen das δίκαιον sei, im
Gegensatz gegen das folgende zu stehen, das eine philosophische Theorie von
der wahrhaften, also doch gewiß auch der Gerechtigkeit entsprechenden
Monarchie gibt. In dem, was über die persönliche Befähigung der Diadochen zur Ausübung der Herrschaft gesagt wird, meine ich eher das
Urteil eines Historikers, der die Geschichte jener Zeit darstellte, als ein
Bruchstück aus einer theoretischen Schrift über die Monarchie sehen zu
dürfen. Wenn die beiden besprochenen Excerpte nicht zusammengehören, so

Abstraktionen auch einmal zu den Fragen des praktischen Staatslebens herabstieg und zu den Problemen, die sich hier ergaben,
Stellung zu nehmen versuchte. Wenn sie im Allgemeinen von
der Entwicklung und Gestaltung, welche die Monarchie seit
Alexander angenommen hatte, durch eine zu tiefe Kluft getrennt
wurde, als daß sie innerliche Fühlung mit ihr hätte gewinnen
können, wenn diese Herrschaftsform ihr wohl vielmehr über-
wiegend als Despotismus erschien[1], so gab es doch sowohl in
den Reformbestrebungen, die Kleomenes von Sparta (wohl nicht
ohne Einfluß stoischer Lehren)[2] verfolgte, wie namentlich in dem
Königtum, das die Antigoniden in Makedonien neu begründet
hatten, einen Boden, auf dem die Philosophie hoffen konnte,
ihre Ideen wenigstens einigermaßen in Wirklichkeit umzusetzen.
Antigonos Gonatas war persönlich nicht nur ein Gönner, sondern in gewissem Sinne ein Schüler der Philosophie[3], und ein
oft angeführtes Wort von ihm vermag uns wenigstens einigermaßen von seinen persönlichen Anschauungen eine Vorstellung
zu geben. Es ist der Ausspruch, der ihm in den Mund gelegt
wird, daß sein Königtum ein ruhmreicher Knechtsdienst oder eine
ruhmreiche Sklaverei sei[4].

Zunächst müssen wir hier zwar eine zu sehr modernisierende
Auslegung, der zufolge Antigonos das Königtum als einen Dienst
im Sinne des »premier serviteur oder domestique de l'état«
habe bezeichnen wollen[5]), zurückweisen. Es soll vielmehr offenbar

fallen auch die Folgerungen weg, die Poehlmann S. 288 zieht, denen zufolge der Monarchie der Diadochen ein idealer Rechtstitel, das Interesse
des Staates, als das ausschlaggebende Moment zu Grunde gelegt werde.

[1] Vgl. Diog. Laert. VII. 122.
[2] Vgl. Plut. Kleom. 2.
[3] Vgl. die Stellen in meinem Artikel über Antigonos bei Pauly-
Wissowa. I. 2417.
[4] Aelian v. h. II. 20: οὐκ οἶσθα τὴν βασιλείαν ἡμῶν ἔνδοξον
εἶναι δουλείαν;
[5] In diesem Sinne faßt es z. B. Poehlmann auf, a. O. S. 288.
Das Wort: δουλεία hat an sich kaum diese Bedeutung; jedenfalls würde
für den Begriff, der dem Worte hier substituiert wird, das vorher besprochene:
ὑπηρεσία bezeichnender sein.

damit eine drückende Last ausgedrückt werden, die ein König
auf sich nehmen müsse, aber allerdings, dürfen wir wohl hinzu-
setzen, nur dann, wenn er es mit seinen Regierungsgeschäften
oder Regierungspflichten ernst nimmt, und es liegt dann doch
immer eine Auffassung zu grunde, die nicht das persönliche Interesse, die persönlichen Liebhabereien und Genüsse des Königs
als Maßstab für seine Herrschaft ansieht, sondern die Macht
und die Größe des von ihm regierten Reiches, vielleicht auch das
Wohl seiner Unterthanen, zur Norm seiner Regierung macht.
Es würde sich dann ein ähnlicher Sinn ergeben, wie wenn
Luther in der Schrift von weltlicher Obrigkeit, nachdem er von
der ernsten Aufgabe und Pflicht des christlichen Fürsten gesprochen
hat, fortfährt: „So sprichst du denn: Wer wollte denn Fürst
sein? Mit dem würde der Fürstenstand der elendeste sein auf
Erden, da viel Mühe und Arbeit und Unlust innen ist. Wo
wollten die fürstlichen Ergötzungen bleiben?"

In jenen Regierungsmaximen eines besonnenen Königtums
scheinen also die politische Entwickelung, die in der Richtung
der Ausbildung einer starken und unbeschränkten monarchischen
Gewalt verläuft, und die philosophische Theorie, die in der im
rechten Sinne gehandhabten Monarchie das Wohl der Staats-
bewohner, der Unterthanen, am meisten gesichert sieht, sich innerlich zu nähern, ein Bündnis eingehen zu wollen. Zwischen
dieser Monarchie, die eine philosophische Begründung nicht bloß
verträgt, sondern dadurch ihr Wesen zu vertiefen und zu befestigen sucht, und der absolut dynastischen, wie sie die meisten
Diadochenstaaten uns zeigen, die in sich selbst ihren Zweck findet,
besteht ein ähnlicher Unterschied, wie zwischen der absoluten
Monarchie namentlich des 17. Jahrhunderts, deren Charakter
in dem: ›l'état c'est moi‹ sich ausdrückt, und der naturrecht-
lich begründeten aufgeklärten Monarchie[1]), die in dem Ausspruche
Friedrichs des Großen: „der Fürst ist der erste Diener des

---

[1]) Wir sehen bei dieser Parallele von den sonstigen, sehr wesentlichen
Verschiedenheiten, durch welche die moderne Monarchie gegenüber der antiken
charakterisiert wird, ab.

Staates" und in seiner Mahnung an einen jungen Fürsten[1]): »Ne pensez point que le pays ... a été fait pour vous, mais croyez que c'est vous que la Providence a fait venir au monde pour rendre ce peuple heureux« ihr eigenes Wesen am treffendsten und tiefsten darstellt; wir werden auf diesen Gegensatz noch kurz zurückkommen.

Wenn wir noch einmal zusammenfassend auf das Verhältnis der philosophischen Theorie zu der hellenistischen Monarchie hinweisen, so müssen wir hervorheben, daß wir eine direkte Beeinflussung dieser durch jene nur in sehr beschränktem Maße annehmen können; dagegen ist die mittelbare Wirkung nicht so gering anzuschlagen, indem die philosophische Auffassung dazu beigetragen hat, die geistige Atmosphäre in den Staaten des eigentlichen Griechenlands und in den weiteren Gebieten der griechischen Kultur umzubilden, den geistigen Widerstand gegen die Verbreitung einer — ich möchte sagen — monarchischen Weltanschauung, der in der altgriechischen Staatsauffassung lag, immer mehr zu beseitigen und aufzulösen; in vollem Umfange ist dann jene Wirkung wohl erst in der römischen Kaiserzeit zu Tage getreten.

Viertes Kapitel.

Die Theorie der Stoiker und Epikureer.

Wir müssen nun auf die weitere Ausbildung der philosophischen Theorie, soweit sie sich mit dem uns hier beschäftigenden Problemen befaßt, noch einen genaueren Blick werfen. Es kommt da vor allem die stoische Lehre in Betracht. Die Stoiker haben, wie auf den übrigen Gebieten der Philosophie, so auch auf diesem den schon früher vorhandenen Gedanken wenig neue hinzugefügt; nicht in ihrer Originalität liegt ihr Verdienst und

---

[1] Miroir des princes, für den Herzog Karl Eugen von Württemberg (Oeuvres de Frédéric le Grand IX. S. 6).

ihre Bedeutung, sondern in der Energie, mit der sie ältere Ideen weiter ausbildeten und für das Leben fruchtbar zu machen suchten. Die politische Lehre der älteren Stoa, vornehmlich ihres Begründers, des Zenon, zeigt sich namentlich als eine Fortbildung und weitere Ausprägung kynischer Gedanken, wenn wir auch zum Teil andere Ideen, die sie aus der Sokratischen Philosophie, insbesondere der platonischen, überkommen haben, in ihr nachwirken sehen. Vor allem sind es der Individualismus und der kosmopolitische Gedanke, die von den Stoikern als Erbe der kynischen Schule ausgebildet und mit besonderer Energie geltend gemacht worden sind; zwar gewinnt die Idee der Gemeinschaft bei ihnen größere Bedeutung als bei den Kynikern, aber doch, abweichend von Platon und Aristoteles, vorzüglich in kosmopolitischer Richtung. Auch die Stoiker haben es, ebenso wenig, wie die griechische Philosophie und das Altertum überhaupt, zu einer prinzipiellen, innerlich haltbaren und dauernden Abgrenzung der Rechte des Individuums gegen den Staat, gegen das Recht der Gemeinschaft gebracht; vielmehr sprengt, wie wir sehen werden, auch bei ihnen, ähnlich wie bei den Kynikern, der Individualismus die Grundlagen der Gemeinschaft, ebenso wie andererseits ihre Konstruktion des Staates dem Individuum nicht gerecht zu werden vermag.

Die Begründung des Rechtes und der Art der Gemeinschaft ist eine naturrechtliche, in Anknüpfung an Gedanken, wie sie schon von einzelnen Sophisten, namentlich Hippias von Elis, ausgesprochen und in der kynischen Schule weiter ausgeprägt worden waren. Besonders innig wird nun aber von der Stoa der Zusammenhang zwischen der Menschennatur und der allgemeinen Natur oder Weltvernunft, die Harmonie zwischen den Bedürfnissen und Forderungen menschlicher Gemeinschaft und der im Weltall geltenden gemeinsamen Ordnung betont. Das allgemeine Weltgesetz, der λόγος ὀρθός oder κοινὸς νόμος, die das Weltall durchdringende Gottheit, ist zugleich die Norm und Grundlage für die menschliche Gemeinschaft[1]). Ein Prinzip von

---

[1]) Vgl. Diog. Laert. VII. 88: ὁ νόμος ὁ κοινός, ὅσπερ ἐστὶν ὁ ὀρθὸς λόγος διὰ πάντων ἐρχόμενος, ὁ αὐτὸς ὢν τῷ Διὶ καθηγεμόνι τούτῳ

der größten Bedeutung, das auch in der Folgezeit nachgewirkt hat und namentlich in den philosophischen und publicistischen Lehren des Mittelalters zur Anwendung gelangt ist. Oder ist es nicht im Wesentlichen derselbe Gedanke, nur in christlicher Umkleidung, wenn bei Thomas von Aquino die »lex aeterna, als ipsa ratio gubernationis rerum in Deo sicut in principe universitatis existens mit dem Wesen Gottes identisch, zugleich als wahre lex schlechthin bindend und Quelle jeder andern lex genannt wird«[1])? Wie in dem Weltall überall Zusammenhang, planmäßige Ordnung und Harmonie herrscht, ebenso sind auch die Menschen von Natur auf die Gemeinschaft unter einander angewiesen (φύσει κοινωνικοί oder φιλάλληλοι)[2]). Aus der Ordnung des Weltganzen ergibt sich auch die entsprechende, beste Form der menschlichen Gemeinschaft; es ist die monarchische, weil sie die Einheitlichkeit, die als Lebensgesetz das ganze Weltall durchdringt, am vollkommensten zum Ausdruck und zur Darstellung bringt. Das Vorbild des obersten Gottes, des Zeus, welcher der mit dem Volksglauben Fühlung suchenden stoischen Lehre als die Personifikation der Einheit des Weltganzen gilt, besteht vor allem auch für die Leitung des Staates; seine Stellung als Haupt des Weltalls hat ihr Abbild in der Stellung des Monarchen an der Spitze der staatlichen Gemeinschaft, wie auch schon früher die populäre Philo-

---

τῆς τῶν ὅλων διοικήσεως ὄντι. Fragment aus Chrysipps Schrift περὶ νόμου in den Pandekten (Frg. 2 D de legg. 1, 3): Ὁ νόμος πάντων ἐστὶ βασιλεὺς θείων τε καὶ ἀνθρωπίνων πραγμάτων. Δεῖ δὲ αὐτὸν προστάτην εἶναι τῶν καλῶν καὶ αἰσχρῶν, καὶ ἄρχοντα καὶ ἡγεμόνα καὶ κατὰ τοῦτο κανόνα τε εἶναι δικαίων καὶ ἀδίκων καὶ τῶν φύσει πολιτικῶν ζῴων προστακτικὸν μὲν ὧν ποιητέον, ἀπαγορευτικὸν δὲ ὧν οὐ ποιητέον. Vgl. ferner Chrysipp bei Plut de rep. Stoic. p. 1035 c. Stob. ecl. II. 192 (II. 7, 11 d Wachsm.) Cic. de rep. III. 22, 33 = de legg. I. 6, 18. de nat. deor. I. 14, 36. Dio Chrys. I. 42.

[1]) Die Anführung aus Thomas von Aquino (S. Theol. II. 1 qu. 93 art. 1 ff.) ist nach Gierke, Genossenschaftsr. III. S. 610 Anm. 256 gegeben.

[2]) Vgl. Diog. Laert. VII. 123. Stob. ecl. II. 225 = II. 7, 11 m Wachsm. Chrysipp bei Cic. de fin. III. 20, 67: praeclare ... Chrysippus, cetera nata esse hominum causa et deorum, eos autem communitatis et societatis suae.

sophie, z. B. durch den Mund des Isokrates (in der „Nikokles"
betitelten Rede, III, 26) die Vortrefflichkeit der Monarchie durch
das Beispiel der (monarchischen) Herrschaft des Zeus zu begründen versuchte. Der Hinweis auf Zeus ist zugleich auch richtung-
gebend für die Art der Handhabung der monarchischen Gewalt, denn
der Monarch soll ein „Nacheiferer und Schüler des Zeus" sein[1]).

Sehr charakteristisch ist es nun wieder, daß jene Ableitung
der höchsten Form staatlicher Gemeinschaft aus dem allgemeinen
Weltgesetze auch in der Publicistik des Mittelalters eine große
Rolle spielt[2]). Ich führe namentlich einige bemerkenswerte Stellen
aus Dante's Schrift über die Monarchie an[3]). Da heißt es
z. B.: „Danach befindet sich das menschliche Geschlecht wohl
und am besten, wenn es sich soviel als möglich Gott ähnlich
macht. Dies geschieht aber, wenn es möglichst eins ist. . . . Die
Menschheit ist aber dann am meisten eins, wenn das Ganze in
Eines sich vereinigt, was nur dann stattfinden kann, wenn es
sich einem Fürsten gänzlich unterwirft." Dann weiter: „also
befindet sich die Menschheit am besten, wenn sie den Spuren
des Himmels, soweit es ihre eigentümliche Natur erlaubt,
nachfolgt. Und wenn der ganze Himmel durch eine einzige Bewegung, nämlich der ersten Bewegkraft, und durch den ersten
Beweger, welcher Gott ist, geleitet wird in allen seinen Teilen,
Bewegungen und Bewegern, . . . so befindet sich die Menschheit
dann am besten, wenn sie von einem einzigen Fürsten, gleichwie
von einem einzigen Beweger und Gesetze . . . geleitet wird"[4]).

---

[1]) Vgl. z. B. Dio Chrys. I. 38 u. a. Musonius bei Stob. flor.
48, 67: ζηλωτὴν τοῦ Διὸς ὄντα καὶ πατέρα τῶν ἀρχομένων ὥσπερ ἐκεῖνον.
Es sind dies allerdings direkt nur Äußerungen aus der Zeit der späteren
Stoa, sie sind aber gewiß, wie auch aus dem Zusammenhange unserer Erörterungen hervorgehen wird, zugleich im Sinne der älteren Stoa.

[2]) Vgl. über die mittelalterliche Lehre die Ausführungen Gierkes,
Althusius 60 ff. Genossenschaftsr. III. 515. 557 ff.

[3]) I. p. 66 f. Basel 1559. Übers. v. Kannegießer S. 12 f.

[4]) Sehr bezeichnend tritt uns diese Anschauung z. B. auch in einem
Schreiben Friedrichs I. (Const. imperat. ed. Weiland I. 253), in dem
die Theorie von den beiden Schwertern entwickelt wird, in den Worten:
»Cumque unus Deus, unus papa, unus imperator sufficiat« entgegen.

Auch aus dem von den Kynikern übernommenen Vergleiche der Bewohner des Staates mit einer Herde, die durch ein gemeinsames Gesetz zusammengehalten wird — einem Bilde, das der Stifter der Stoa in seinem Idealstaate ausgeführt hat[1]) — gewinnen wir dasselbe Resultat, wie aus der Analogie des im Weltall herrschenden einheitlichen Gesetzes. Die Betonung der Einheit, die in diesem Bilde einer Herde zum Ausdruck gelangt, und die darin enthaltene Notwendigkeit, daß die Herde einem höheren, über ihr stehenden Willen sich fügsam zeigt, von ihm gelenkt wird und sich lenken läßt, lassen wieder die monarchische Verfassung als diejenige erscheinen, die in sich selbst die Bedingungen eines sich möglichst der Vollkommenheit annähernden Staatswesens trägt.

Das Ergebnis, zu dem wir so auf Grund des inneren Zusammenhanges der stoischen Lehre, wie einzelner besonderer Erwähnungen gelangen[2]), daß die Stoiker prinzipiell die Monarchie als die beste Staatsform anerkannt haben, steht in völligem Einklang mit den Nachrichten, die wir aus dem 3. Jahrhundert über das Verhältnis der stoischen Philosophie zum Königtum, über die persönlichen Beziehungen einzelner Hauptvertreter derselben, des Zenon, Persaios, Sphairos von Borysthenes, zu Königen, wie Antigonos Gonatas oder auch Kleomenes von Sparta, besitzen[3]).

Betrachten wir nun die politischen Anschauungen der älteren Stoa, soweit wir bei der Dürftigkeit und Zerrissenheit unserer Überlieferung uns davon ein Bild zu entwerfen vermögen, genauer, so finden wir zwei verschiedene Gedankenreihen, die wir schwer in völligen Ausgleich unter einander bringen können. Einerseits tritt uns, wie schon vorher angedeutet wurde, eine

---

[1]) Vgl. Plut. de fort. Alex. I. 6 p. 329 b.

[2]) Auch das Fragment bei Stob. ecl. II. 7, 11 m Wachsm.: τὴν γὰρ βασιλείαν ἀρχὴν ἀνυπεύθυνον εἶναι (hierauf komme ich noch zurück) καὶ τὴν ἀνωτάτω καὶ τὴν ἐπὶ πάσαις zeigt die hohe Schätzung, die die Stoiker dem Königtum zuteil werden ließen.

[3]) Vgl. meine Ausführungen in der Histor. Zeitschr. N. F. Bd. 38 S. 221 ff.

außerordentlich ſtarke Betonung der individuellen Sittlichkeit,
des individuellen Rechts entgegen; infolge hiervon iſt die prinzipielle Stellung zum Staate, wenn auch nicht ſo radikal, wie
bei den Kynikern, oder ſo völlig negativ, ja feindſelig den
poſitiven Staatsaufgaben gegenüber, wie bei den Epikureern,
doch eine weſentlich andere, als bei Platon und Ariſtoteles.
Bei dieſen iſt das vollkommene Leben, die αὐτάρκεια βίου,
durch die Zugehörigkeit zum Staatsweſen bedingt, auch das
philoſophiſche Leben wird bei Platon in die Notwendigkeit des
Idealſtaates mit ſeinen unbedingten Forderungen an den Einzelnen eingeſpannt. Wenn ſich Platon auch thatſächlich von
dem Staatsleben ſeiner Vaterſtadt zurückgezogen hat, ſo iſt er
darum nichts deſto weniger politiſch thätig; ſeine politiſche
Thätigkeit beſteht in ſeiner Lehrthätigkeit, der Abfaſſung ſeiner
politiſchen Schriften, insbeſondere des Staates, der ebenſo, ja
noch mehr als der atheniſche, das geſamte Leben des Bürgers
umfaſſen ſollte; und Platon ſelbſt lebte in dieſem, wie der Athener
oder Spartaner in ſeinem Staate; er war durchaus nicht „ein
Reich, das nicht von dieſer Welt ſein durfte"[1]), ſondern ein Staat,
der in ſich ſelbſt, weil er aus der Vernunft heraus geſchaffen
war, die Grundlagen und die Möglichkeit ſeiner Verwirklichung
trug. Platon übte ſein Bürgertum aus, indem er dieſen Staat
ſchuf, und der ideale Radikalismus, in dem wir das größte
Hindernis für die Verwirklichung ſeiner politiſchen Gedanken
ſehen, war für ſein begriffsmäßiges und als ſolches unfehl-
bares Denken kein Hindernis, denn die Ideen waren ja die
höchſten Wirklichkeiten, das wahrhaft Exiſtierende, und der
Staat die höchſte, wahrhafte Form menſchlichen Gemeinſchafts-
lebens.

------

[1]) v. Wilamowitz, Ariſt. u. Athen I. 358: „das Reich, das Platon
ſtiftete, durfte nicht von dieſer Welt ſein; es war die βασιλεία τοῦ θεοῦ".
Dieſe Auffaſſung paßt überhaupt nicht auf das griechiſche Altertum, auch
auf Platon nicht; vgl. die treffende Bemerkung Diltheys, Einleitung i. d.
Geiſtesw. I. 241. Es iſt einer der geiſtreichen, aber äußerſt ſubjektiven,
chriſtliche und griechiſche Anſchauungen gegenſeitig verwiſchenden Ausſprüche,
denen wir bei Wilamowitz verſchiedentlich begegnen.

Können wir nun Ähnliches, wie von dem Platonischen Staatsideal, auch von dem Entwurfe eines Idealstaates, den der Begründer der Stoa zeichnete, sagen? Wir dürfen es nach dem Wenigen, was wir über diesen Idealstaat wissen, und nach dem, was wir sonst über die politischen Anschauungen der älteren Stoiker noch ermitteln können, wohl bezweifeln. Für die Stoa sind nicht mehr die Zwecke staatlichen Gemeinschaftslebens das eigentlich Grundlegende, sondern die des einzelnen Lebens, die αὐτοπραγία oder ἐξουσία αὐτοπραγίας; die Möglichkeit, in persönlicher Freiheit und Unabhängigkeit das Ideal des Weisen zu verwirklichen, ist das Primäre; die aktive Teilnahme am Staatsleben ist nur soweit berechtigt oder erwünscht, als jene αὐτοπραγία nicht gehindert wird. Insbesondere war dem Anscheine nach die politische Thätigkeit des Weisen (mehr als in der Sokratisch-platonischen Philosophie, in der wir ja auch schon bedeutende Ansätze hierzu gefunden haben) durch die Möglichkeit begründet, für Verbreitung der Tugend zu wirken, und zwar im Sinne der jetzt immer stärker zur Herrschaft gelangenden individuellen Sittlichkeit, so daß das staatliche Leben mehr als Mittel und Werkzeug, weniger als Selbstzweck galt[1]). Der Unterschied von

---

[1]) Vgl. Chrysippos bei Diog. Laert. VII. 121: πολιτεύεσθαι ... τὸν σοφόν, ἂν μή τι κωλύῃ ... καὶ γὰρ κακίαν ἐφέξειν καὶ ἐπ' ἀρετὴν παρορμήσειν. Stob. ecl. II. 186 (II. 7, 11 b Wachsm.): ἑπόμενον δὲ τούτοις ὑπάρχειν καὶ τὸ πολιτεύεσθαι τὸν σοφὸν καὶ μάλιστ' ἐν ταῖς τοιαύταις πολιτείαις ταῖς ἐμφαινούσαις τινὰ προκοπὴν πρὸς τὰς τελείας πολιτείας. II. 229 (II. 7, 11 m Wachsm.): ἔφαμεν δ'ὅτι καὶ πολιτεύεσθαι κατὰ τὸν προηγούμενον λόγον οἷόν ἐστι, μὴ πολιτεύεσθαι δὲ ἐάν τι ⟨κωλύῃ⟩ καὶ μάλιστ' ἂν μηδὲν ὠφελεῖν μέλλῃ τὴν πατρίδα, κινδύνους δὲ παρακολουθεῖν ὑπολαμβάνῃ μεγάλους καὶ χαλεποὺς ἐκ τῆς πολιτείας. Der Schluß dieser Stelle hat bereits eine etwas mit der epikureischen Auffassung verwandte Färbung; ein ähnlicher Gedanke, aber in etwas anderer Form ist II. 186 ausgesprochen: καὶ ὑπομένειν περὶ ταύτης, ἐὰν ᾖ μετρία, καὶ πόνους καὶ θάνατον. Die Anschauung des Chrysippos gibt auch Cic. de fin. III. 20, 68 wieder, aber wohl insofern nicht ganz genau, als er die einschränkende Bedingung wegläßt: »Cum autem ad tuendos conservandosque homines hominem natum esse videamus: consentaneum est huic naturae, ut sapiens velit gerere et administrare rem publicam«.

der Platonischen Auffassung ergibt sich z. B., wenn wir eine
anscheinend zu der individualistischen Anschauung im starken
Gegensatze stehende Maßregel, die Zenon in seinem Idealstaate
empfahl und wohl auch andere Stoiker, wie Chrysipp, im
Prinzip für wünschenswert erachteten, betrachten, nämlich die
Weibergemeinschaft, die κοινωνία γυναικῶν[1]), soweit wir überhaupt bei den äußerst fragmentarischen Nachrichten hierüber eine
bestimmte Ansicht äußern können. Es scheint nämlich jene Einrichtung des Idealstaates nicht in erster Linie durch die Er-
fordernisse des Staatslebens selbst, wie bei Platon, bedingt gewesen zu sein, sondern eine mehr individualistische Grundlage,
die sich aus den Anschauungen und Bedürfnissen der Weisen,
auf die ja auch die Einrichtung ausdrücklich beschränkt wird,
ergab, gehabt zu haben.

Neben und gegenüber der einen soeben besprochenen Ent-
wickelungsreihe stoischer Anschauungen über den Staat, die in
einem mehr oder weniger ausgeprägten individualistischen Prinzip
ihren Ursprung hat, steht nun aber eine andere, die in der Idee
der Gemeinschaft wurzelt.

Wir haben bereits vorher ausgeführt, wie die Ordnung
des staatlichen Gemeinschaftslebens ein Abbild sein soll der im
Weltall herrschenden Gesetzmäßigkeit; das im Staate geltende
Gesetz wird auf das des Universums, den νόμος κοινός oder
λόγος ὀρθός, zurückgeführt. Dieses allgemeine Gesetz kann aber
bloß der Weise erkennen, der eben deshalb allein im stande ist,
einen Staat wahrhaft der Vernunft gemäß zu beherrschen; nur
durch die Regierung nach philosophischem Prinzip kann das
allgemeine Gesetz zur Norm und Grundlage der menschlichen
Gemeinschaft werden, deren verpflichtende Ordnungen damit der
Willkür entrückt sind, nicht mehr, wie es die Sophisten von den
bestehenden Staatsordnungen lehrten, auf menschlicher Satzung
(θέσει) beruhen[2]). Es macht dabei wenig Unterschied, ob der

---

[1]) Vgl. Diog. Laert. VII. 33, namentlich 131.

[2]) Vgl. Diog. Laert. VII. 128 = Stob. ecl. II. 185 (II. 7, 11 b
Wachsm.): τό τε δίκαιόν φασι φύσει εἶναι καὶ μὴ θέσει. Hiermit wird
die politische Thätigkeit des Weisen in unmittelbaren Zusammenhang

Weise selbst König ist[1]), oder ob er mit einem Könige, der Fähigkeit und Lust hat, Weisheit zu lernen, zusammenlebt und auf diesen den entscheidenden Einfluß ausübt[2]). Jene Herrschaft der Weltvernunft im Staate ist doch im wesentlichen nichts anderes, als der platonische Gedanke von der Herrschaft der Philosophen im Staate; er mußte in seiner Konsequenz auch zu einem ähnlichen Absolutismus des (philosophischen) Regiments und einer erdrückenden Allgewalt des Staates, einem „Staatspantheismus" führen; es liegt nahe, auf die Analogie des Hegelschen Vernunftsstaates, der „göttlicher Wille ist, sich zur wirklichen Gestalt und Organisation einer Welt entfaltender Geist"[3]), hinzuweisen.

Wir sehen hier, wo es sich um den Entwurf eines menschlichen Gemeinschaftsideals handelt, die Einheit und die unbedingt verpflichtende Macht der Gemeinschaft so stark betont, daß allem Anscheine nach die Freiheit doch sehr zurückstehen muß; die an sich für das politische Denken der Griechen charakteristische starke Betonung der F o r m der Verfassung wird durch den Hinweis auf die allgemeine Ordnung des Universums noch verstärkt, noch in besonderer Weise begründet. Umgekehrt ist auch gerade der Vergleich des Weltganzen, der hier herrschenden Gemeinschaft mit dem Staate, ein Bild, das namentlich bei den späteren

---

gebracht; sie wird aus dem Bestande der allgemeinen Natur- oder Vernunftordnung abgeleitet.

[1]) Stob. ecl. II. 229 (II. 7, 11 m Wachsm.).

[2]) Plut. de Stoic. rep. 1043 c.: βασιλείαν τε τὸν σοφὸν ἱκουσίως ἀναδέχεσθαι λέγει (sc. Χρύσιππος) χρηματιζόμενον ἀπ' αὐτῆς, κἂν αὐτὸς βασιλεύειν μὴ δύνηται, συμβιώσεται βασιλεῖ u. s. w. Stob. a. D.: βασιλεῖ συμβιώσεσθαι καὶ εὐφυΐαν ἐμφαίνοντι καὶ φιλομάθειαν; vgl. II. 206 (II. 7, 11 i Wachsm.): κατὰ τοῦτο δὴ καὶ μόνος ὁ σπουδαῖος ἄρχει καὶ εἰ μὴ πάντως κατ' ἐνέργειαν, κατὰ διάθεσιν δὲ καὶ πάντως. Es entspricht diese Auffassung in der Hauptsache durchaus der von Platon vertretenen; vgl. z. B. Politic. p. 305 d: τὴν γὰρ ὄντως οὖσαν βασιλικὴν οὐκ αὐτὴν δεῖ πράττειν, ἀλλ' ἄρχειν τῶν δυναμένων πράττειν. Nach dem Stoiker Diogenes brachte nur die stoische Philosophie gute Bürger hervor (μόνη δὲ κατὰ Διογένην ἡ Στωικὴ ποιεῖ ἀγαθοὺς πολίτας, Philodem. Rhetor. II. p. 227 Sudh.).

[3]) Werke VIII. S. 334.

Stoikern, wie z. B. Mark Aurel, uns verschiedentlich begegnet — „die Welt ist der älteste und oberste Staat, von dem die übrigen Staaten gewissermaßen nur die einzelnen Häuser sind"[1]) — ein Beweis für die große Macht, die der Staatsgedanke, die Gemeinschaftsidee in ihrer engeren Beziehung zum Staate, immer noch ausübte.

Es leuchtet ein, wie diese politische Auffassung der Stoiker im Gegensatze steht zu dem früheren Begriffe der (politischen) Freiheit, wie deutlich sich auch hier die Wandlung offenbart, die sich in dem Begriffe der Freiheit überhaupt vollzogen hat, eine wie geringe Rolle derselbe in der Konstruktion des staatlichen Lebens, in dem er vorher seine hauptsächliche Stätte und Wurzel hatte, spielt. Das entscheidende Gewicht fällt auf die Verwirklichung der objektiven Lebensordnung im Staate, nicht auf den Anteil, den die einzelnen, selbstthätigen Bürger an der Realisierung derselben nehmen, noch weniger auf die Teilnahme an den Hoheitsrechten, die der Staat seinen Bürgern gewährt. Wenn die Tugend den Staat regiert, so ist dessen Zweck im höchsten Sinne gewährleistet[2]); wenn ein Einzelner, der in sich selbst das Gesetz der Tugend verwirklicht, im stande ist, den Anforderungen der Regierung zu genügen[3]), alles, was in der Aufgabe eines Regenten liegt, zu übersehen, so entspricht die Regierung dieses Einzelnen durchaus den Zwecken des Staatslebens. Welch' ein Kontrast nicht allein mit den Anschauungen der attischen Demokratie, sondern auch denen des republikanischen Staatswesens der Römer!

---

¹) Mark Aurel III. 11. II. 16; vgl. auch Ar. Did. epit. phys. frg. 29, 3 f. (Diels S. 464).

²) »Virtute vero gubernante rem publicam quid potest esse praeclarius?« Cic. de rep. I. 34, 52.

³) »Qui si unus satis omnia consequi posset, nihil opus esset pluribus.« Cic. a. O., dessen Erörterung allerdings, namentlich in der Hervorhebung der gemischten Verfassung, bereits den Erfordernissen des praktischen Staatslebens, wie sie sich namentlich aus der Erfahrung römischer Staatsmänner ergaben, angenähert ist.

Allerdings hat ja nun Zenon in seinem Idealstaate anscheinend nur den Weisen das Bürgerrecht zugeschrieben[1]), und
an einer Stelle wird uns sogar gesagt, daß diejenigen, die nicht
weise sind, auch nicht zum Gehorchen geeignet seien[2]), was noch
eine über Platon hinausgehende Potenzierung des auf die
Philosophen gebauten Staatsbegriffes bedeuten würde; in einem
solchen Staate würde jeder Zwang fortfallen und eine Monarchie,
die doch auch gerade nach der Anschauung der griechischen Philosophie immer die Überlegenheit oder besondere Fähigkeit eines
Einzelnen voraussetzt, überflüssig, eine bestimmte Staatsform
überhaupt nicht notwendig sein. Aber die Nachrichten über
Zenons Idealstaat sind nicht widerspruchslos und reichhaltig
genug, um daraus eine klare Vorstellung zu gewinnen; es scheint
doch, daß Zenon hier, selbst wenn wir vom philosophischen
Staatsbegriff aus urteilen, zum Teil ein reines Ideal- und
Phantasiegemälde entworfen habe. Chrysippos sagt deutlich und
bestimmt[3]), daß das Königtum eine unverantwortliche Herrschaft
sei, die nur den Weisen zukomme; darin liegt ausgedrückt, daß
es für den nach philosophischem Prinzip begründeten Staat in
erster Linie und hauptsächlich darauf ankommt, daß die Herrschaft in den richtigen Händen liege; wo dies der Fall ist,
sind eben auch die Bedingungen für die Verwirklichung der
philosophischen Staatsidee gegeben. In der ersten Rede Dio's
über das Königtum wird in einem schönen Bilde, dessen Ausführung durchaus den Einfluß stoischer Anschauungen zeigt, unmittelbar neben dem Throne der „seligen Gottheit Basileia, der
Tochter des Zeus", vor den Herakles von Hermes geführt wird,
die Gestalt des Nomos, des Gesetzes, das zugleich λόγος ὀρθός

---

[1]) Diog. Laert. VII. 33. Nur auf die Weisen als Bürger sind
offenbar die Bestimmungen, daß keine Tempel (vgl. auch Plut. de Stoic.
rep. 6), keine Gerichtshöfe, keine Gymnasien errichtet werden, kein Münz-
verkehr stattfinden sollte, berechnet. Ob die vorher (S. 71) angeführte
Äußerung des Stoikers Diogenes bei Philodem auch in diesem Sinne
gemeint ist, läßt sich wohl nicht bestimmt entscheiden; doch ist es wohl nicht
wahrscheinlich.

[2]) Stob. ecl. II. 207 (II. 7, 11i Wachsm.).

[3]) Diog. Laert. VII. 122. Stob. ecl. II. 7, 11m Wachsm.

heißt, „als Berater und Beisitzer" aufgeführt, ohne den die
andern Gestalten, die den Thron der Basileia umgeben, die
Dike, die Eirene und die Eunomia, „nichts thuen und denken
dürfen"[1]). Das heißt: das Königtum, als die höchste Form
des wahren Staatswesens, muß unter der unmittelbaren Einwirkung des allgemeinen, das Weltall durchbringenden und be-
herrschenden Gesetzes stehen, muß als eine Verkörperung desselben sich darstellen.

So weit als das Weltgesetz oder die Weltvernunft auch im
Staate zur Herrschaft gelangt und gelangen kann, wird auch
das philosophische Individuum mit seinen Aufgaben in den Verband staatlicher Gemeinschaft hineingestellt; aber für dieses besteht prinzipiell kein Zwang; denn das für das staatliche Leben
geltende Gesetz ist ja zugleich das Gesetz seines persönlichen
Lebens, in dessen Erfüllung es den philosophischen Begriff der
Freiheit verwirklicht.

Kommt dagegen das Prinzip der Vernunft im Staate
nicht zur Durchführung — und wer anders kann darüber entscheiden, als eben wieder das philosophische Individuum? —,
so gewinnt der Weise das Recht, sich allein auf sich selbst zu
stellen und, wenigstens innerlich, von dem Staate sich loszulösen,
dessen Ordnungen im Widerspruch zu dem vernünftigen Denken,
zu dem Gesetz der Tugend stehen. Der Kosmos, die allgemeine Welt, ist dann allein der wahre Staat
des Weisen, in dem er die ihn erfüllende Idee der Gemeinschaft realisieren soll. Dieses kosmopolitische Prinzip folgt unmittelbar aus der Anschauung, daß das allgemeine Weltgesetz
auch in der menschlichen Gemeinschaft zur Verwirklichung gelangen soll; die kosmopolitische Gemeinschaft steht in ihrer Allgemeinheit und Unbestimmtheit mit jener grundlegenden Anschauung der stoischen Philosophie in einem viel innigeren und
natürlicheren Zusammenhange, als die Gemeinschaft irgend eines
besonderen Staatswesens in seiner konkreten Gestalt und bestimmten Färbung, die durchaus noch das Fundament der Staats-

---

*) Dio Chrys. I. 75.

auffaffung bei Platon und Aristoteles bildet. Wie übrigens die das Universum beherrschende Vernunft in den besonderen Ordnungen eines einzelnen Staatswesens sich ausprägen sollte, abgesehen von der allgemeinen die Einheitlichkeit am besten zum Ausdrucke bringenden Idee der Monarchie und der noch allgemeineren Idee der Gemeinschaft und des Zusammenhanges überhaupt, dies aufzuzeigen hat die ältere Stoa wohl weder versucht, noch auch versuchen können.

Die kosmopolitische Idee selbst, wie sie von den Stoikern ausgebildet worden, hat, wie man mit Recht bemerkt hat[1]), einen positiveren Inhalt, als bei den Kynikern; es ergibt sich dies vor allem aus ihrer Anlehnung an die allgemeine Ordnung des Weltganzen; sie ist viel mehr eine wirkliche Gemeinschaftsidee, als dies in ihrer kynischen Ausprägung der Fall ist; die „wesentliche Zusammengehörigkeit" der Menschen gelangt bei den Stoikern entschiedener zum Ausdruck. Aber trotzdem behält jener Gedanke im wesentlichen seinen abstrakten Charakter; wir finden hier weniger die besondere Idee der M e n s c h h e i t als eines Ganzen, das bestimmte in seinem Wesen liegende Zwecke verwirklichen soll, als die allgemeinere eines universalen Weltzusammenhanges, in den eben auch die Menschheit als ein Teil desselben eingefügt ist. Allerdings ist die Anschauung von der engen Zusammengehörigkeit der Menschen bei den späteren Stoikern, wie namentlich Epiktet und Mark Aurel, immer mehr ausgebildet worden; aber wir dürfen doch die hier uns entgegentretende weitere Entwickelung der stoischen Anschauungen nicht ohne Weiteres schon der ursprünglichen Stoa zuschreiben; und im Grunde bleibt auch in seiner späteren Ausgestaltung der Gedanke derselbe; wenn Zenon in seinem Idealstaate von einem „einheitlichen Leben" der Menschen gesprochen hat[2]), oder, wie man es neuerdings ausgedrückt hat, von einer „socialen Lebensgemeinschaft"[3]), so dürfen wir hieraus nicht allzuviel schließen, wenn wir den phantastischen Charakter der Bestimmungen, die

---

[1]) Zeller, Phil. d. Griechen III. 1³. S. 298.

[2]) „εἷς δὲ βίος ᾖ καὶ κόσμος" Plut. de fort. Alex. I. 6 p. 329 b.

[3]) Poehlmann, Gesch. d. ant. Sozial. u. Kommunismus I. 616.

uns aus diesem Idealstaate mitgeteilt werden, in Erwägung ziehen.

So wird denn also in der stoischen Lehre die griechische Staatsidee, wie sie uns in ihrer eigenartigen Ausgestaltung in der Blütezeit des politischen Lebens von Hellas entgegentritt, teils infolge der allgemeinen Tendenzen, die der stoischen Philosophie innewohnen, teils unter dem Einflusse der politischen Entwickelung, von der kosmopolitischen Idee immer mehr aufgesogen; die Selbstgenügsamkeit, die αἰτάρκεια, des in enge Grenzen eingeschlossenen Staates besteht nicht mehr; an die Stelle dieser Selbstgenügsamkeit des Staates tritt die der Welt, des Weltganzen, das allein die Bedingungen einer vollkommenen und glückseligen Existenz in sich trägt. „Selbstgenügsam ist allein die Welt,“ so sagt Chrysippos[1]), „weil sie allein in sich alles hat, dessen sie bedarf“; das philosophische Individuum nimmt aber insofern an dieser αἰτάρκεια teil, als es im vernünftigen Erkennen und Handeln die allgemeine Weltordnung sich innerlich zu eigen macht, sich selbst in dieselbe eingliedert. Der philosophische Individualismus und der Kosmopolitismus sind, so sehen wir auch auf diesem Punkte wieder, eng mit einander verbunden, stehen in innerem Zusammenhange unter einander.

Seit dem Ende des 3. Jahrhunderts boten die thatsächlichen Verhältnisse staatlicher Entwickelung auf hellenischem Boden der stoischen Philosophie keine Aussicht mehr für die annähernde Verwirklichung ihrer Ideale; es beginnt nun mit dem 2. Jahrhundert das eben in seiner Ausbildung zur Weltmacht begriffene römische Staatswesen die politische Theorie der Stoiker in seinen Bannkreis hineinzuziehen und dadurch zugleich innerlich zu beeinflussen. In dem Verhältnis, in dem hervorragende Vertreter der stoischen Philosophie, wie Panaetios, das eigentliche Haupt der mittleren oder griechisch-römischen Stoa, zu den Kreisen der römischen Nobilität, insbesondere zu dem Scipionenkreise, stehen, tritt uns die enge Verbindung, die jetzt

---

[1]) Plut. de Stoic. rep. 40 p. 1052 d.

die stoische Lehre mit den Anschauungen der römischen Aristo-
kratie eingeht, entgegen; in den politischen Anschauungen des
Polybios, wie in den Erörterungen Cicero's über den Staat
sehen wir den Einfluß dieser Verbindung. Ein neuerer Forscher
hat in ausgezeichneter Weise dargelegt[1]), welche Anziehung das
„Schalten in königlichen Verhältnissen, das die in den aristokratischen Familien Roms als geborne Herrscher aufgewachsenen
Männer" charakterisiert, auf die Repräsentanten der stoischen
Philosophie ausübte, wie die Ausbildung des römischen Rechts
als eines Fremdenrechtes und als Grundlage eines jus gentium,
die Anerkennung einer den Lebensverhältnissen selbst innewohnenden naturalis ratio sich innerlich mit den Anschauungen
über das, was von Natur oder vermöge der allgemeinen Weltvernunft überall in gleicher Weise zur Geltung oder Herrschaft
gelangen mußte, berührte.

Dem Einflusse des römischen Staates ist es neben der
Einwirkung einer älteren, peripatetischen, Lehre namentlich zuzuschreiben, wenn jetzt die Stoiker nicht mehr eine bestimmte,
die monarchische, Verfassung, sondern die aus verschiedenen
Formen, der monarchischen, aristokratischen, demokratischen ge-
mischte, für die beste erklären[2]), wie es umgekehrt eine Wirkung
stoischer Theorie ist, wenn in den Erörterungen bei Polybios
und Cicero das monarchische Prinzip eine Rolle spielt[3]), die mit
der eigentlich römischen republikanischen Auffassung nicht recht
vereinbar ist.

Ganz verloren gegangen ist also auch in dieser Phase der
Entwickelung der stoischen Philosophie die monarchische Idee
nicht; ihre volle Bedeutung hat sie aber, wie wir sehen werden,

---

[1]) Dilthey, Arch. f. Gesch. d. Phil. IV. 614 ff.

[2]) Vgl. Diog. Laert. VII. 131. Polyb. VI. 3, 7. Cic. de rep. I.
45, 69. II. 23, 41. Vgl. auch Schmekel, Phil. d. mittl. Stoa. S. 377, 4.

[3]) Besonders bemerkenswert ist in dieser Beziehung z. B. Cic. de rep.
I. 69. II. 43. Namentlich ist ja auch der eigentlich aristokratische Charakter
der römischen Republik von dieser philosophischen Theorie nicht genügend
gewürdigt worden.

in Verbindung mit dem Gedanken des Kosmopolitismus erst in der römischen Kaiserzeit gewonnen.

Wenn in der stoischen Philosophie die Gemeinschaftsidee neben dem Individualismus steht und in gewisser Beziehung mit diesem eine innere Verbindung einzugehen trachtet, finden wir in dem Epikureismus, wie schon angedeutet, das Individualprinzip in einer dem Staate gegenüber passiven, zum Teil geradezu feindseligen Stellung ausgeprägt. Im Gegensatze zur stoischen Lehre sahen die Epikurer in dem Gemeinschafts- leben nicht die Bestimmung des Menschen[1]); nur eine auf persönlichen Banden, auf freier persönlicher Wahl beruhende Gemeinschaft, vor allem die der Freundschaft, hielten sie für erstrebenswert; wenn die menschliche Gemeinschaft für die Stoa ein Abbild der im Universum herrschenden sein sollte, spiegelte sich die atomistische Welterklärung Epikurs auch in seinen An- schauungen über den Staat wieder; eine von Natur die Menschen verpflichtende Ordnung des Gerechten gab es für ihn nicht, sondern die Gerechtigkeit beruhte auf den von den Menschen zu ihrem Nutzen, zur Abwehr von Schaden getroffenen vertrags- mäßigen Abmachungen[2]). Die Teilnahme an dem Staatsleben betrachteten die Epikureer als schädlich für den Weisen[3]), sahen in jeder Staatsthätigkeit, in der Ausübung der Herrschaft selbst oder in dem Umgang mit Herrschern, in dem Leben an Höfen eine Beeinträchtigung der Glückseligkeit, der philosophischen Ruhe und Freiheit[4]), sprachen geringschätzig über die Staatsmänner und Gesetzgeber[5]) und lösten sich von jeder Verpflichtung, die nationale oder besondere staatliche Bande auferlegen konnten, los[6]). Der Notwendigkeit einer politischen Gemeinschaft konnten

---

[1]) Vgl. Epikur. frg. 551 Usener.

[2]) Epicur. sent. sel. 31 ff. S. 78 Us. = Diog. Laert. X. 150.

[3]) Arr. Epictet. dissert. I. 23, 5 = frg. 525 Us. Seneca de otio 3, 2. Plut. adv. Colot. 33 p. 1127 a. Vgl. auch die von Sudhaus, Rh. Mus. XLVIII. 552 ff. mitgeteilten Fragmente Philodems.

[4]) Plut. a. O. Epicur. frg. 551. 552. 554. 556. 557 Us.

[5]) Frg. 558 ff. Us.

[6]) Plut. contr. Epic. beat. 16 p. 1098 c. adv. Colot. 31 p. 1125 d.

sie sich allerdings wohl nicht ganz verschließen, aber sie erkannten sie nicht als ein Bedürfnis des Weisen an, sondern nur im Hinblicke auf die unphilosophische Menge hielten sie eine solche für unentbehrlich, wie sie für diese auch die Notwendigkeit der Religion zugestanden zu haben scheinen[1]). In dem Satze Epikurs[2]): „die Gesetze bestehen um der Weisen willen, nicht damit sie nicht Unrecht thun, sondern damit sie nicht Unrecht erleiden" spricht sich das individualistische Prinzip der epikureischen Schule in sehr charakteristischer Weise aus; der Staat ist eigentlich bloß des Weisen wegen da; dessen persönliches Glück ist Selbstzweck; der Staat aber hat keinen Zweck in sich selbst; nicht einmal mehr wird ihm hier, in dieser äußersten Zuspitzung der Lehre, für die sittliche Erziehung oder das Glück der nicht philosophischen Masse der Menschen eine positive Bedeutung zugeschrieben. Eine direkte Beziehung zu irgend einer Staatsform können wir natürlich bei den allgemeinen Anschauungen der Epikureer über den Staat nicht erwarten; mittelbar mußten ihre quietistischen Tendenzen[3]) am meisten derjenigen zu gute kommen, die am wenigsten eigene Thätigkeit der Bürger im Staate verlangte und die größte Gewähr für die Sicherheit des Einzelnen, besonders des Weisen, darbot. Das schien aber doch wohl vornehmlich bei der nicht despotischen, jedoch absoluten Monarchie zuzutreffen, die die Unterthanen, wenn sie nur den schuldigen Gehorsam leisteten, möglichst wenig mit staatlichen Pflichten und Geschäften behelligte. Bei dem völligen Mangel eines innerlichen Interesses an den staatlichen Fragen und Angelegenheiten, der die Epikureer charakterisierte, war auch bei ihnen weniger, als bei den Anhängern der stoischen Philosophie, ein Konflikt mit der Staatsgewalt zu befürchten.

---

[1]) Sext. Empir. IX. 58.
[2]) Frg. 530 Us.
[3]) Lucret. de rer. nat. v. 1127 = Epic. frg. 552 Us.

Fünftes Kapitel.

Das römische Kaisertum.

Das Erbe des Hellenismus hat nicht bloß in kultureller, sondern auch in politischer Beziehung das römische Kaisertum und das römische Kaiserreich angetreten. Das römische Kaisertum setzt sich von Anfang an aus zwei verschiedenartigen Elementen zusammen, einem eigentlich römischen, dem Principat, und einem hellenisch-orientalischen, das immer mehr das Übergewicht gewinnt und zuletzt der voll ausgeprägten absoluten Monarchie ihr eigentliches Gepräge verleiht. Diesen Prozeß der Entwickelung der absoluten Monarchie, dessen Hauptstufen durch die Regierungen des Augustus, Hadrian, Severus und endlich Diocletian und Constantin gebildet werden, können wir hier im Einzelnen nicht verfolgen, müssen aber versuchen, ihn wenigstens in seinen Hauptmomenten zur Darstellung zu bringen.

Der ursprüngliche Principat, eine der merkwürdigsten politischen Schöpfungen, von denen uns die Geschichte überhaupt berichtet, ist in seinem Wesen nicht leicht zu erfassen, und vor allem ist es wohl unmöglich, dieses auf einen staatsrechtlich bestimmten Ausdruck zu bringen; auch Mommsens bahnbrechender und grundlegender Ausführung ist dies nicht gelungen; insbesondere wird seine Auffassung des Principates als Magistratur der Bedeutung desselben nicht gerecht. Allerdings hatte der Princeps magistratische Befugnisse; aber schon ihre Vereinigung, insbesondere die Vereinigung des militärischen imperium und der tribunicia potestas, und ihre Lebenslänglichkeit heben den Träger derselben aus dem Rahmen der republikanischen Verfassung mit der durch sie bedingten Verteilung und Befristung der magistratischen Befugnisse heraus[1]). Gerade, soweit er

---

[1]) Wahrscheinlich ist doch auch in dem kaiserlichen Bestallungsgesetze mit dem Worte imperium eben jener zusammenfassende Begriff der dem Princeps als solchem eignenden Befugnisse verbunden; vgl. Karlowa, R. Rechtsgesch. I. 492 ff.

Princeps ist, ist der Kaiser nicht Magistrat oder wenigstens nicht bloß Magistrat; seine persönliche Stellung verleiht ihm ein über das allein magistratische hinausgehendes Recht, eine Art von oberer Leitung des Staates, eine oberste Kontrolle auch innerhalb ihm nicht besonders zugewiesener Verwaltungs- sphären auszuüben, mit einem Worte, das Interesse des römischen Reichs als höchste Instanz wahrzunehmen[1]).

Allerdings hängt Mommsen's Auffassung von dem magistra- tischen Charakter des Principates mit seiner Anschauung zu- sammen, daß „das römische Königtum der Sache und der Form nach nie abgeschafft worden sei, sondern nur den Namen ge- wechselt habe"[2]), eine Anschauung, die ein wesentliches Funda- ment seiner großartigen Konstruktion des römischen Staatsrechts bildet, aber selbst für die Anfänge der römischen Republik kaum im vollen Umfange historisch haltbar ist, jedenfalls auf die Blütezeit derselben keine Anwendung finden kann, so sehr wir auch zugeben müssen, daß die starke und in gewisser Hinsicht selbständige Gestaltung der Amtsgewalt für den römischen Staat im Unterschiede vom griechischen charakteristisch ist. Der dem Principat zu grunde liegende monarchische Gedanke spricht sich doch darin aus, daß eben nur ein Einziger, durch seine Person, befähigt und befugt ist, das Volk oder das Reich in seiner Gesamtheit zu vertreten; während in der republikanischen Ord- nung das Amt als solches jedem damit Betrauten, inner- halb bestimmter Fristen und — wenigstens in der späteren Zeit

---

[1]) Ungefähr wird dies auch ausgesprochen in dem Bestallungsgesetze Vespasians (Bruns, font. jur. Rom. ant.⁶. nr. 53 S. 193, 17 ff.): utique quaecunque ex usu rei publicae maiestateque divinarum humanarum publicarum privatarumque rerum esse censebit, ei agere facere jus potestasque sit u. s. w. Vgl. auch die Erzählung Dios 54. 3, 3 (angeführt von Gardthausen, Augustus I. 631). Das δημόσιον, das Staatswohl, wird hier in charakteristischer Weise als die eigentliche Grundlage und Norm der kaiserlichen Gewalt bezeichnet. Gewiß konnten auch die obersten republi- kanischen Beamten berufen werden, mit diskretionärer Gewalt für das be- drohte Staatsinteresse einzutreten, aber doch nur in außerordentlichen Fällen und auf Grund bestimmten, ihnen erteilten Auftrages.

[2]) Staatsr. II³. 717.

— bestimmt abgegrenzter Kompetenzen, das Recht und die
Fähigkeit gewährt, für das Volk zu handeln, ist der princeps
als solcher, eben, weil er der princeps ist, berufen und berechtigt, alles, was von magistratischen Befugnissen vorhanden
ist oder aus den bestehenden Ämtern sich ableiten läßt, in seiner
Person als der höchsten Instanz zu vereinigen; der Principat
ist nicht organisch aus dem republikanischen Magistrat erwachsen,
sondern die monarchische Idee ist als eigentlicher Kern der neuen
Gewalt in die vorhandenen Formen gegossen worden[1]); dabei
darf allerdings immerhin hervorgehoben werden, daß die tribunicia potestas und namentlich das militärische imperium eine
besonders günstige Grundlage für die Entwickelung der kaiserlichen Machtvollkommenheit gewährten, wie sie auch den bereits
in den letzten Zeiten der Republik hervortretenden monarchischen
Tendenzen die wirksamste Anknüpfung boten. Wenn Augustus
in seiner den wahren Thatbestand doch einigermaßen verschleiern-
den Darstellung[2]) sagt, daß er die res publica wieder in die
Gewalt des römischen Senates und Volkes zurückgegeben habe
und dann fortfährt: Ἀξιώματι πάντων διήνεγκα, ἐξουσίας δὲ
οἰδέν τι πλεῖον ἔσχον τῶν συναρξάντων μοι[3]), so bezieht sich
dies auf die Beseitigung der durch die Bürgerkriege hervor-
gerufenen außerordentlichen, diktatorischen Gewalt, die Herstellung
einer dauernden, festen Ordnung; von dem alleinigen militärischen imperium, dem wichtigsten Bestandteile der kaiserlichen Gewalt, ist aber dabei charakteristischer Weise nicht die
Rede.

[1]) Sehr charakteristisch deutet dies auch Augustus selbst an, wenn er
sagt, mon. Ancyr. gr. 3, 19 ff.: ἃ δὲ τότε δι' ἐμοῦ ἡ σύγκλητος οἰκονομ-
εῖσθαι ἐβούλετο, τῆς δημαρχικῆς ἐξουσίας ὢν ἐτέλεσα; vgl. auch Mommsens
Kommentar S. 148.

[2]) Von Strabons Urteil über den Principat (XVII. p. 840): ἡ πατρὶς
πέτρεψεν αὐτῷ (nämlich Augustus) τὴν προστασίαν τῆς ἡγεμονίας καὶ
πολέμου καὶ εἰρήνης κύριος κατέστη διὰ βίου sagt Mommsen selbst treffend
(Mon. Ancyr. ². S. 146): »liberius enuntiat non rerum speciem, sed
rem ipsam«.

[3]) Mon. Ancyr. ed. Mommsen ². gr. 17, 20 ff. (lat. 6, 14 ff.); gr.
19, 6 ff. (lat. 6, 21 ff.).

Der wirklich monarchische Charakter des Principats zeigt
sich namentlich auch in einer Reihe von Ehrenrechten, die doch
nicht bloß äußerlich sind, sondern zum Teil noch mehr als die
alten Namen und Formen der republikanischen Magistratur das
Wesen der Sache bezeichnen; vor allem gilt dies von dem
Bildnisrecht des Kaisers auf den Münzen des römischen Reiches,
das Mommsen selbst mit Recht die unumwundenste Erklärung
der Herrschaft an Königs Statt[1]) nennt. Ein Ähnliches dürfen
wir von dem Eide sagen, der bei dem Genius des lebenden
Kaisers geleistet wird, der in verwandten Erscheinungen in den
Diadochenreichen seine Analogie, vielleicht auch sein Vorbild
hat[2]); auch die Feier des kaiserlichen dies natalis und anderer
kaiserlicher Gedenktage[3]) zeigt ebenso, wie die Aufnahme des

[1]) Sehr scharf betont Mommsen auch Hermes III. 270, wie eng in
der Vorstellung des Altertums das Münzbild und die Monarchie miteinander
zusammenhängen. Die ganz vorübergehenden Ausnahmen von der kaiserlichen Prärogative des Bildnisrechtes, über die Mommsen, Staatsr. II. 250
(vgl. auch S. 789) und Herm. III. 268 ff. spricht, haben keine Bedeutung.
Wenn Mommsen sagt, daß „Augustus auch nach der formalen Wiederher-
stellung der republikanischen Ordnung fortgefahren habe, mit seinem Bildnis
zu prägen", so liegt eben in dieser Prägung ein Moment, das mit der republikanischen Ordnung unvereinbar ist.

[2]) Der Genius des Kaisers erscheint neben den Divi und den Gottheiten des römischen Staates, dem Jupiter und den Penaten, in der Formel
des Eides, den die römischen Beamten leisten mußten, wie wir aus dem
Stadtrechte von Salpensa (26) und Malaca (59) ersehen; vgl. auch Horat
ep. II. 1, 16: »jurandasque tuum per numen ponimus aras«. Eine
Analogie zu dieser Schwurformel findet sich sowohl im seleukidischen Reiche,
wenn z. B. in der bekannten smyrnäischen Inschrift (C. I. G. 3137. Dittenb.
syll. 171) die Kolonisten von Magnesia neben den Göttern Zeus, Ge,
Helios u. s. w. bei der Tyche des Königs Seleukos schwören (Z. 61 f.), wie
auch im Bereiche der ptolemäischen Herrschaft; vgl. z. B. Mahaffy, the
Flinders-Petrie papyri II nr. XLVI a, wo ein Schwur bei dem regierenden
Könige und seinen göttlichen Vorfahren geleistet wird. — Über die Ver-
einigung des Kults des Genius des Kaisers mit dem der Lares Compitales
(»Laribus tuum miscet numen« Hor. carm. IV. 5, 34 f.) vgl. Preller-
Jordan, R Mythol. II. 113. 202. Mommsen, Herm. XV. 709.

[3]) Vgl. Mommsen, Staatsr. II³. S. 785 f. Einen charakteristischen
Einblick in die Bedeutung dieser Gedenktage für die Municipien, namentlich
wohl die Kolonien des Augustus, gewährt uns das Feriale Camanum

Namens des Kaisers in die heiligen Lieder (so die der Salier)[1]) und die Gelübde für die Person des Kaisers, die auch auf das Kaiserhaus erstreckt werden[2]), daß der Person des Kaisers ein einzigartiger Wert für den Bestand des Reiches beigemessen wurde oder werden sollte.

Die soeben hervorgehobenen Ehrenrechte, in denen der Principat seine Würde und Erhabenheit manifestiert, seinen monarchischen Gehalt zum äußeren Ausdruck bringt, berühren sich bereits nahe mit dem sakralen Charakter der Monarchie, der noch weiter zur Darstellung gelangen soll. Fassen wir zunächst die bisherigen Erörterungen noch einmal zusammen, so werden wir in dem Princeps den Repräsentanten des populus romanus als des eigentlichen Trägers der souveränen Gewalt, den Vertreter seiner majestas[3]), sehen dürfen, und so ist auch in der ursprünglichen, auf römischem Boden erwachsenen, Erscheinungsform des Principates eine eigentlich monarchische Idee enthalten, obgleich diese in mehrfachen Beziehungen, namentlich durch den Mangel fester Erblichkeit, noch unvollkommen ausgeprägt ist. Diese Idee ist in der Folgezeit weiter ausgebildet worden; ihren charakteristischen und vollendeten Ausdruck hat sie in der späteren Theorie der Juristen erhalten, wonach durch die sogenannte lex regia das Volk dem Princeps alle seine Gewalt (omne imperium suum et potestatem) übertragen

---

(C. J. L. I². p. 229); vgl. dazu Mommsens Bemerkungen Herm. XVII. 631 ff. Ähnliche Feiern existierten auch in den hellenischen Monarchien, besonders in Ägypten; vgl. z. B. mon. Rosett. 46 f. Eine direkte Nachahmung oder Entlehnung braucht deshalb für die römischen Feiern nicht angenommen zu werden; die gleichen Ideen und Anschauungen konnten wohl die römischen Institutionen hervorrufen.

[1]) Vgl. Mon. Ancyr. 2, 21 (gr. 5, 16 f.) Dio LI. 20, 1.

[2]) Vgl. Mommsen, Staatsr. II³. S. 784 f. 798.

[3]) Wenn Gardthausen, Augustus II. S. 288, gegen meine, Histor. Zeitschr. N. F Bd. 38 S. 228, geltend gemachte Auffassung hervorhebt, daß jeder republikanische Konsul, wie Volkstribun, Vertreter der majestas populi gewesen sei, so ist das innerhalb gewisser Grenzen, die ich oben bezeichnet habe, richtig; im übrigen darf ich wohl zur Rechtfertigung meiner Ansicht auf die vorher gegebene Darlegung verweisen.

habe[1]); und es ist bekannt, welche Rolle diese Theorie in den staats- und naturrechtlichen Konstruktionen des späteren Mittelalters gespielt hat[2]). Trotzdem ist die Entwickelung der monarchischen Gewalt nicht ausschließlich in dieser Richtung und auf römischer Grundlage erfolgt, das eigentlich römische Element ist noch mehr als durch das Kaisertum, durch den Senat, in dem vor allem das Fortwirken der republikanischen Traditionen zur Erscheinung kommt, vertreten[3]).

Die vollere Ausprägung des eigentlich monarchischen Charakters des Principates steht im Zusammenhang und geht parallel mit der Ausbildung des Reiches, insbesondere mit der Ausgestaltung desselben als eines Weltreiches; die monarchische Idee und die Reichsidee befinden sich in inniger Wechselwirkung unter einander. In der Zeit der römischen Republik war wohl Rom schon eine Weltmacht, aber es war noch kein eigentliches Weltreich. Die Idee eines solchen Weltreiches bestand aber bereits, vor allem seit Alexander, und war in den folgenden Stürmen und Verwicklungen auch nicht verloren gegangen; sie war der Ausbildung der römischen Weltmacht zugute gekommen und übte jetzt ihren Einfluß auf die innere Gestaltung der römischen Monarchie, die immer mehr zu einer Weltmonarchie erwuchs, aus. Ebenso war seit der Zeit des großen Makedoniers die Vorstellung von einer göttlichen, auf ihrem eigenen Rechte ruhenden, durch sich selbst zur Beherrschung der Welt befähigten und berechtigten Monarchie lebendig. Unter die Einwirkung dieser Anschauung trat das

---

[1]) Vgl. Dig. I. 4, 1. Inst. I. 2, 6.

[2]) Vgl. vor allem Gierkes grundlegende Darstellung, Deutsches Genossenschaftsr. III. 570 ff.

[3]) Daß dieser der eigentliche Repräsentant aller dem Kaisertum gegenüber noch selbständigen Gewalt ist, zeigt sich auch schon in der Thatsache, daß der Senat in bildlicher Darstellung als göttliche oder gottähnliche Personifikation häufig auf griechischen Münzen neben dem kaiserlichen Bilde erscheint (vgl. Mommsen, Staatsrecht III. 1260 f.), während wir eine solche Darstellung des δῆμος Ῥωμαίων nur sehr selten finden (vgl. außer den von Mommsen a. O. 1261, 1 angeführten Münzen die alexandrinischen Münzen Nr. 151—153 des britischen Katalogs).

Kaisertum gleich von seiner Begründung an; jene Einwirkung
wurde immer stärker, je mehr die nivellierenden, auf Ver-
schmelzung der verschiedenen nationalen und lokalen Elemente
gerichteten Bestrebungen, die das römische Reich recht eigentlich
zu einem Weltreiche machten, durchdrangen. Eine Monarchie,
die an der Spitze eines Weltreiches stand, mußte
eben deshalb die innere Tendenz haben, ihre Beglaubigung und Begründung immer mehr in sich
selbst zu suchen. Dies geschah aber nach der Auffassung
jener Zeit in besonders wirksamer Weise durch die Idee der
Göttlichkeit.

Augustus hat durch seinen Sieg über Antonius, der aus
einem Römer ein Nachfolger der Ptolemäer geworden war,
allerdings die Gefahr einer fortschreitenden Orientalisierung vom
römischen Reiche abgewandt, aber er hat doch für die neue Gewalt, die er errichtete, wesentliche Elemente auch der hellenisch-
orientalischen Welt entnommen. Schon der Vorgang seines
Vaters Cäsar war von der größten Bedeutung; das, was Cäsar
eingerichtet oder wenigstens geplant hatte, die offene Durchführung des göttlichen Charakters seiner Herrschaft, blieb doch
immer ein Vorbild für die Folgezeit, wenngleich der Begründer
des Principates mit Rücksicht auf die republikanisch-römischen
Institutionen und das konstitutionelle Regiment, das er in Gemeinschaft mit dem Senat führen wollte, sehr vorsichtig zu
Werke ging. Cäsar, der auf griechischen Inschriften bereits bei
seinen Lebzeiten als „sichtbarer Gott und Retter des Menschen-
geschlechtes"[1]) bezeichnet wird, hat gewiß ebenso den allgemeinen
Gedanken der Göttlichkeit dem Bereiche der ehemaligen Alexandermonarchie entlehnt, wie einzelne Maßregeln, die jenen Gedanken
zur Darstellung bringen sollten, nach dem Vorgange der
Diadochenherrschaften, namentlich der ptolemäischen, durchgeführt;
so ist wohl insbesondere sein Plan, sein Bild in den Tempeln
aller Götter aufstellen zu lassen[2]), auf den Vorgang der Ptole-

---

[1]) „Θεὸς ἐπιφανὴς καὶ κοινὸς τοῦ ἀνθρωπίνου βίου σωτήρ" C. I. G.
2369. 2957 = Le Bas-Waddington 142.

[2]) Suet. Caes. 76.

mäer, die sich in allen Heiligtümern ihres Reiches gemeinsam mit den heimischen Göttern, als θεοὶ σύνναοι, verehren ließen, zurückzuführen. Auch die Vergötterung oder Apotheose des dahingeschiedenen Regenten, des Divus, stammt gewiß aus dem Osten, den hellenisch-orientalischen Gebieten des Reiches, wenn auch diese Apotheose in der römischen Kaiserzeit eigentümliche römisch-konstitutionelle Formen angenommen hat. Die Vergötterung Cäsars bildete für seinen Sohn und Nachfolger die Grundlage der Legitimation für seine eigene Herrschaft, in ähnlicher Weise, wie durch die göttliche Verehrung Alexanders die Diadochen, insbesondere die Ptolemäer, zugleich ihr eigenes Regiment als seine Nachfolger zu begründen und zu befestigen suchten. Auch an einer genealogischen Anknüpfung an die eigentliche Götterwelt, wie wir sie nicht bloß bei Alexander, sondern auch bei den Ptolemäern und Seleukiden treffen, hat es bei den römischen Kaisern nicht völlig gefehlt; vornehmlich finden wir ja eine solche bei den Kaisern des julischen Hauses; in dem Mangel erblicher, längere Zeit bestehender Dynastien war es, neben dem nüchternen Sinne der besseren unter den früheren Kaisern[1]), vor allem begründet, daß die genealogische Legende in den ersten Jahrhunderten der Kaiserzeit nicht größere Bedeutung gewann.

Einen gewissen Ersatz bot eben hierfür die Adoption, die den Nachfolger des dahingeschiedenen, vergötterten Kaisers, des Divus, zum Sohne desselben machte und ihn deshalb gewissermaßen in sein Recht und seine Stellung eintreten ließ. Es war natürlich, daß der Nimbus, der den vergötterten Kaiser umgab, sich auch auf seinen Nachfolger erstreckte; und wie in den Diadochenreichen der göttliche Charakter der Monarchie sich immer deutlicher ·auch äußerlich in den Ehren und Insignien, die den lebenden, nicht bloß den vergötterten, dahingeschiedenen Regenten zu teil wurden, ausprägte, so ist es begreiflich, daß ein Ähnliches auch bei den römischen Kaisern geschah, um so mehr, da hier diese äußerliche Wandlung im Zusammenhang

---

[1]) Ein charakteristisches Beispiel hierfür gibt Vespasian, der gegen solche genealogische Auswüchse sich durchaus ablehnend verhielt (Sueton. Vespas. 12).

mit einer innerlichen weiteren Entwickelung und Ausbildung der
absoluten monarchischen Gewalt stand. Ich führe hierfür als ein
besonders bezeichnendes Beispiel die Strahlenkrone an, die
ursprünglich bloß dem Divus zukommt, seit Nero aber auch auf
den Münzen der lebenden Kaiser, zunächst allerdings nur auf
Senatsmünzen, später aber, seit Caracalla, auch auf kaiserlichen
Münzen erscheint.

Schon in dem Namen „Augustus", den der Begründer des
Principats annahm, der in der Folgezeit die eigentliche Bezeichnung der höchsten Gewalt im römischen Reiche wurde, drückt
sich die Idee einer über das Gewöhnlich-Menschliche hinaus-
ragenden Stellung aus[1]), und wenn Augustus' Erfolge und
seine politische Schöpfung den Vergleich mit der Person und
dem Werke des Romulus ihm selbst und seinen Zeitgenossen
nahe legten[2]), so hat dies eine ähnliche Bedeutung, und Mommsen
spricht diesen Charakter der Herrschaft des Augustus sehr schön
aus, wenn er sagt[3]): „daß Augustus sein Werk als ein göttliches
angesehen wissen wollte, daß er als divi filius schuf, daß er
seine Reichsordnung so wenig den Bürgern vorlegte, wie der
Göttersohn Romulus, sondern für ewige Zeiten als Rechts-
schöpfer setzte, ... das kann niemand verkennen, der die uns
vorliegenden Thatsachen überschaut und begreift".

Vor allem hat ja Augustus, jedenfalls mit vollem Bewußtsein der Tragweite dieser Institution, den eigentlichen Kaiserkult,
die Verehrung des lebenden Kaisers, eingeführt, ein wichtiges
Fundament der kaiserlichen Herrschaft, das um so größere Bedeutung haben mußte, je mehr die Apotheose des dahingeschiedenen Kaisers später vielfach zu einer bloßen Form wurde. Zu
diesem Kaiserkult können wir wohl auch schon die Ehren rechnen,
die dem Bilde des Kaisers in den Lagertempeln erwiesen werden[4]);
seine hauptsächliche Ausprägung findet er in dem provinzialen

---

[1]) Dio Cass. LIII. 16, 8: ὡς καὶ πλεῖόν τι ἢ κατ' ἀνθρώπους ὢν
ἐπελή'θη; vgl. auch Sueton. Aug. 7.

[2]) Sueton. a. O. Dio LIII. 16, 7.

[3]) Hist. Zeitschr. Bd. 57, 1887 S. 394.

[4]) Vgl. Mommsen, Staatsr. II. 788 f.

Kult, der das ganze Reich umfaßt. Der provinziale Kult ist
von dem munizipalen streng zu unterscheiden; auch die munizipale
Verehrung war von Bedeutung, sie wurde, wie es scheint, besonders unter Augustus gepflegt[1]) und durch die Augustalen,
die Träger des munizipalen Kaiserkultes[2]), in die Kreise der
italischen Bevölkerung getragen; sie hatte wohl auch ein besonderes italisches Gepräge, was sich schon darin zeigt, daß
Augustus zum Teil italischen Gottheiten, wie namentlich
Merkur[3]), auch Herkules u. a. gleichgesetzt, seine Verehrung mit
der dieser Götter verbunden wurde, aber der munizipale Kult
wurde doch immerhin von den Kaisern nur geduldet, durch ihr
Entgegenkommen und ihre Zustimmung mehr oder weniger ge-
fördert; der provinziale Kaiserkult dagegen war ein offizieller;
in ihm gelangte die Einheit des Reiches zu ihrem Ausdrucke.
Wenn nun Augustus bestimmte, daß ihm nur in Gemeinschaft
mit der Göttin Roma Heiligtümer in den Provinzen des Reiches
errichtet würden[4]), so wollte er hierdurch allerdings sich als
Repräsentanten des römischen Volkes und des römischen Reiches
bezeichnen und brachte damit anscheinend die auf römischem
Boden erwachsene Idee der Monarchie, nicht aber den Gedanken
einer in sich selbst ruhenden, auf das absolute Recht des
Herrschers als solchen gegründeten Gewalt zur Darstellung.
Und dennoch hatte die Form, in der jene Idee sich ausprägte,
in ihrer eigentümlichen Gestaltung als Kaiserkult, in dem Reichs-
kulte, den die Ptolemäer und Seleukiden in ihren Reichen durchgeführt hatten, den wahrscheinlich bereits Alexander selbst für
seine Monarchie geplant hatte, ihr Vorbild, wie denn auch einzelne
besondere Elemente, so namentlich der jährliche Wechsel des
kaiserlichen Priestertums, das an der Spitze des provinzialen
Kultes und somit zugleich der provinzialen Selbstverwaltung
stand, auf den Einfluß des seleukidischen, vor allem wohl
des ptolemäischen Reiches, mit den jährlich wechselnden epo-

[1]) Vgl. Mommsen, Hermes XVII. 641.
[2]) Vgl. Neumann in Pauly-Wissowas Realencykl. II. 2349 ff.
[3]) Vgl. Gardthausen, Augustus II. 517 s. Anm. 67.
[4]) Sueton. Aug. 52.

nymen Priestertümern der als Götter verehrten Könige, hin=
weisen[1]).

Ein besonders bemerkenswertes Moment möchte ich noch
hervorheben, das, wie mir scheint, vornehmlich geeignet ist, die
innere Verwandtschaft des römischen Kaiserkultes mit der von
Alexander begründeten Form der Monarchie, den Einfluß, den
diese auf jenen ausgeübt hat, uns zu veranschaulichen. Nach
einer Beobachtung von Hirschfeld[2]) sind sämtliche italische
Gemeinden, in denen sich bei seinen Lebzeiten Priester oder
Tempel des Kaisers nachweisen lassen, von ihm ausgeführte
Kolonien oder unter seinem speziellen Schutze stehende Städte.
Wir dürfen wohl annehmen, wie ich anderwärts ausgeführt
habe[3]), daß die hellenische Sitte und Anschauung, derzufolge
den Gründern von Kolonien diese sakrale Ehren erwiesen
wurden, für Alexander sich als ein wirksames Mittel darstellte,
um in den zahlreichen, von ihm angelegten und seinen Namen
tragenden Kolonien eine möglichst universale Durchführung seines
Kultes und des Glaubens an seine Göttlichkeit zu bewirken;
wir sehen jetzt, daß in analoger Weise die von Augustus be=
gründeten Kolonien in eine besonders nahe Beziehung zu der
in seiner Monarchie ausgeprägten Idee der Göttlichkeit treten.
Wir finden dem entsprechend auch in den griechischen Gemeinden,
die in den Rechten und Freiheiten, die sie durch Augustus er=
halten hatten, einen Akt ihrer Neugründung feierten, den gött=
lichen Charakter seiner Herrschaft besonders betont[4]), ähnlich,

[1]) Vgl. Hirschfeld, Sitzungsber. der Berl. Akad. 1888 S. 856.

[2]) a. O. S. 838. Allerdings ist es fraglich, ob diese Beobachtung voll
und ganz aufrecht erhalten werden kann (vgl. Gardthausen, Augustus II.
517 Anm. 66); in ihrem Kerne wird sie doch wohl richtig sein, wie sie
auch innerlich wahrscheinlich ist. Wir werden annehmen müssen, daß die=
jenigen Städte, die einen solchen Kult des Augustus begründeten, sich eben
dadurch unter seinen besonderen Schutz stellen wollten.

[3]) Hist. Zeitschr. N. F. Bd. 38 S. 39 f.

[4]) Vgl. z. B. die von Gelzer, Abh. d. Berl. Akad. 1872 S. 72, mit=
geteilte Inschrift von Amisos: Αὐτοκράτορα Καίσαρα Θεοῦ υἱὸν θεὸν
Σεβαστὸν ὁ δῆμος ὁ Ἀμισηνῶν καὶ οἱ συμπολιτευόμενοι καὶ ὁ . . . τὸν
ἑαυτῶν σωτῆρα καὶ κτίστην und dazu Strabo XII. 547.

wie in den sakralen Vereinigungen kleinasiatischer Städte, die den Alexanderkult zu ihrem Mittelpunkte hatten, wahrscheinlich die „Befreiung" durch Alexander die Grundlage für seine göttliche Verehrung bildete.

Wenn nun die Wohlthaten und Segnungen, die einzelnen Städten durch die Kaiser zu teil wurden, in besonderem Sinne den Kult derselben bedingten, so wird dann die dem Verhältnis dieser Städte zu der Person des Kaisers zu grunde liegende Anschauung auf das ganze Reich oder die Welt übertragen und die Kaiser werden allgemein als Gründer und Retter oder Befreier der Welt (κτίστης oder οἰκιστὴς καὶ σωτὴρ τῆς οἰκουμένης oder τοῦ κόσμου) bezeichnet[1]). Es ist gewiß nicht zu verkennen, daß solche auf griechischen Inschriften und Münzen uns entgegentretende Benennungen, zu denen verschiedentlich noch die Bezeichnung des Kaisers als Zeus Eleutherios oder Soter oder Apollon Soter hinzutritt, vielfach nur formelhaften Wert haben und als überschwenglich schmeichlerische Ehrenbezeugungen der schon lange an solche Übertreibungen gewöhnten griechischen Gemeinden[2]) anzusehen sind, namentlich wenn Kaiser, wie Nero, als Zeus Eleutherios oder als Heil der Welt (Σωτὴρ τῆς οἰκουμένης) dargestellt werden[3]); aber es spricht sich darin doch auch zugleich das Gefühl aus, daß das römische Kaisertum die letzte und höchste Instanz auf Erden ist, von der man alles Heil erwartet, daß nur in der Eingliederung in den festen Bestand des durch den Kaiser repräsentierten Reiches die einzelnen Gemeinden, die nicht mehr auf sich selbst bestehen können, ihre Existenz, ihre Sicherheit und ihren Wohlstand gewährleistet sehen. Es ist der Glaube einer ermattenden Menschheit, ein Glaube, der nur auf dem Grabe der Freiheit hat erwachsen können, aber er ist doch immerhin eine Macht, die die Gemüter der

---

[1]) Dies spricht in charakteristischer Weise auch Philo leg. ad Gaium 22 aus, wenn er von Augustus als dem κοινὸς εὐεργέτης spricht und dann fortfährt, ὅτι πᾶσα ἡ οἰκουμένη τὰς ἰσολυμπίους αὐτῷ τιμὰς ἐψηφίσατο.

[2]) Ich brauche hier nur an die sakralen Ehren, die römischen Statthaltern in republikanischer Zeit dargebracht wurden, zu erinnern.

[3]) Vgl. Eckhel, D. N. VI. 278.

Menschen beherrscht; ein geistiges Element, eine Idee, liegt ihm
zu grunde.

In diesem Zusammenhange dürfen wir wohl noch einmal
einen Blick auf das Verhältnis der städtischen Bildungen zu
dem Begriffe des Reiches überhaupt, wie es uns unter dem
römischen Kaisertum in besonders deutlicher Weise entgegentritt,
werfen. Wenn man die städtische Verfassung, die Gliederung
der Weltherrschaft nach Stadtgemeinden als die charakteristische
Grundlage sowohl der Alexandermonarchie wie auch des römischen Kaiserreichs angesehen und dieses wohl geradezu so als
eine „städtische Reichskonföderation", den Herrscher des Reiches
als den „gemeinsamen Vorsteher der zahlreichen mehr oder minder
autonomen Bürgerschaften"[1]) bezeichnet hat, so ist doch dem
gegenüber hervorzuheben, daß die Städte, mögen sie auch zum
Teil noch lange die alten Formen städtischer Verfassung aufrecht erhalten, doch jetzt etwas ganz anderes bedeuten, als
früher[2]); der Gedanke des Reiches ist der primäre, der die
städtischen Bildungen in ihrer Sonderexistenz bedingt; das göttliche Element, das in dem Königtum Alexanders oder im römischen Kaisertum zur Darstellung gelangen soll, versinnbildlicht
die Herrschaft über das Reich oder die Welt; und wenn in den
einzelnen, von ihnen gegründeten oder unter ihrem speziellen
Schutze stehenden Städten der göttliche Alexander oder das
numen Augusti oder Hadriani sich namentlich wirksam zeigt,
besonders geltend macht, so leiten auch jene Städte doch eben
die Berechtigung ihrer Existenz von einer allgemeinen Gewalt, in der das Reich verkörpert ist, ab, nicht von den besonderen Potenzen, die als Schutzgötter oder städtegründende
Heroen vor allem das eigentümliche Leben, Recht und Freiheit
der Stadt, die sie verehrt, repräsentieren.

Es ist gewiß nicht Zufall, daß eine besonders große An-
zahl inschriftlicher, der Verherrlichung der kaiserlichen Macht

[1]) Mommsen, Staatsr. III. 722. R. G. V. 559.
[2]) Vgl. auch Hist. Zeitschr. N. F. Bd. 38 S. 217 f.

dienender Ehrenbezeugungen aus der Zeit Hadrians vorhanden
ist, sondern es hat eine tiefere Bedeutung, denn die Regierung
dieses Kaisers bildet ja überhaupt eine bemerkenswerte Epoche
in der Entwickelung der monarchischen Idee, wie der des Weltreiches, in der Ausbildung des „an die Stelle des imperium
Romanum tretenden Weltregiments"[1]. An keinem andern
Punkte der Entwickelung des römischen Kaisertums tritt uns so
charakteristisch entgegen, wie die weitere Ausgestaltung der Reichsidee eine innerliche Steigerung der Idee der monarchischen Gewalt selbst bedingt; dieser Monarchie fehlt ebenso wenig die
religiöse Weihe, die seit Alexander zu einer Hauptgrundlage der
absoluten Herrschaft geworden war, wie die Begründung und
Verherrlichung durch die philosophische Theorie, die in der
Regierung des weisen Monarchen ein Abbild der Thätigkeit des
obersten Gottes selbst erblickt; die philosophische Konstruktion
des wahren Königtums, wie wir sie in Dio's Reden antreffen,
fand eine Anknüpfung an die Wirklichkeit des politischen Lebens,
die Ideen der griechischen Philosophie drangen, wie in das römische Recht, so auch in das römische Kaisertum selbst ein. Erst
in dem Zeitalter Hadrians und der Antonine wird das Herrscherideal, das die kynisch-stoische Lehre aufgestellt hat, annähernd
verwirklicht, ein Regiment, das, wie die Herrschaft des Zeus
selbst, als ein wahrhaft fürsorgliches über den Unterthanen
waltet, auf nichts anderes bedacht, als für ihr Wohl zu sorgen,
und in möglichst großem Umfange Glück unter ihnen zu ver-
breiten, wie es mit einem, wahrscheinlich auf Hadrian selbst
zurückgehenden, Ausdruck heißt[2]. Wenn Hadrian das Gelübde
ablegte, daß er als Regent nichts anderes thun wolle, als was
der Allgemeinheit nützlich sei[3], wenn er es als seinen Regierungsgrundsatz aussprach, er wolle so den Staat verwalten, daß er
immer eingedenk sei, daß es sich um die Sache des Volkes

---

[1] Mommsen, Hist. Zeitschr. Bd. 57 S. 393.

[2] Paus. I. 5, 5; vgl. I. 3, 2. v. Wilamowitz, Hermes XXI. 623.

[3] Dio Cass. LXIX. 2, 4: ἐπομόσας μήτε τι ἔξω τῶν τῷ δημοσίῳ
συμφερόντων ποιήσειν.

handele, nicht seine eigene[1]), — ein Regierungsgrundsatz, den
sich der große Kurfürst in dem Worte: sic gesturus sum
principatum, ut sciam rem populi esse, non meam priva-
tam zu eigen gemacht hat, — so werden wir an den, wie wir
oben sahen, wahrscheinlich auf stoische Formulierung zurückgehenden Satz[2]), daß das Königtum ein Besitz der Allgemeinheit, nicht die öffentlichen Einkünfte ein Besitz des Königtums
seien, erinnert.

Die Thätigkeit eines solchen Monarchen, die mit überlegener
Einsicht und überall hin wirkender Energie gleichmäßig die verschiedenen Teile des Reiches durchdrang, mußte als die rechte
Nachbildung der Wirksamkeit des Zeus erscheinen, der ja die
lebendige Verkörperung der die ganze Welt erfüllenden Weltvernunft oder des Weltgesetzes war, der von den Stoikern geradezu als der Leiter der Verwaltung des Weltalls bezeichnet
wird (ὁ καθηγεμὼν τῆς τῶν ὅλων διοικήσεως)[3]), der für die
Menschen sorgt als der „das Weltganze verwaltende Gott, wohl-
thätig und menschenfreundlich, gerecht und mit allen Tugenden
begabt"[4]). Eine schon früher erwähnte Stelle Cicero's dürfen
wir wohl in diesem Zusammenhange noch einmal anführen.
Indem er von dem Alleinherrscher spricht, der sein die wahre
Weisheit und Tugend verkörperndes Leben als ein lebendiges
Gesetz seinen Unterthanen vor Augen stellt, fährt er fort[5]):
„wenn dieser allein alles erreichen (mit seiner Thätigkeit durch-
dringen) könnte, würde es nicht mehrerer bedürfen, (die an der
Leitung des Staates teilnehmen)". Dieser Idee einer überall
gegenwärtigen Herrscherthätigkeit mochte namentlich die Regierung
Hadrians zu entsprechen scheinen, der auf seinen Reisen das

---

[1]) Spart. v. Hadr. 8: saepe dixit, ita se rem publicam gesturum
ut sciret pópuli rem esse non propriam.

[2]) Suid. u. βασιλεία.

[3]) Diog. Laert. VII. 88.

[4]) „οἷς ἀκολούθως νομιστέον προνοεῖν τῶν ἀνθρώπων τὸν τὰ ὅλα
διοικοῦντα θεόν εὐεργετικὸν ὄντα καὶ χρηστὸν καὶ φιλάνθρωπον, δίκαιόν
τε καὶ πάσας ἔχοντα τὰς ἀρετάς" Ar. Did. epit. frg. phys. 29, 5 S. 464
Diels.

[5]) Cic. de rep. I. 34, 52.

gesamte Reich durchzog, indem er Wohlthaten spendete, Segen
brachte, in seiner die verschiedensten Landschaften und Provinzen
gleichmäßig berücksichtigenden Fürsorge (πρόνοια) die Einheitlichkeit des Reiches, den Zusammenhang der einzelnen Teile unter
einander zur Darstellung gelangen ließ.

Die Reformen, die Hadrian auf dem Gebiete der Verwaltung durchführte, durch die er „dem Reichsbeamtenstande eine
neue Gestalt gab, in gewissem Sinne denselben erst schuf"[1]),
legen ebenso von dem Fortschritte in der Ausbildung eines einheitlichen Reiches Zeugnis ab, wie von der Steigerung der Befugnisse des Monarchen, der die Einheit des Reiches vertritt,
und dem die von ihm eingesetzten Beamten als Werkzeuge einer
einheitlichen Verwaltung dienen; auch Italien wird diesem System
der kaiserlichen Verwaltung eingefügt[2]). Der Aufschwung, den
das Gesetzgebungsrecht der kaiserlichen Gewalt seit Hadrian
nimmt[3]), wird einerseits bedingt durch die Entwickelung des
römischen Rechtes zum Reichsrecht, wie es andererseits auf diese
Entwickelung wieder eingewirkt hat; in der in der Zeit Hadrians
vollzogenen „systematischen Ausbildung des jus gentium" finden
wir die Tendenz, auch die Welt des Rechts einheitlich als ein
Weltrecht zu gestalten, das „Chaos in einen Kosmos zu ver-
wandeln"[4]). Dem Nomos, den die stoische Philosophie als das
einheitliche, von Natur herrschende Lebensgesetz nachwies, entsprach das allgemeine, einheitliche Recht, das in gleichem Maße
aus den Bedürfnissen der politischen Entwickelung, wie aus der
die innere Logik der allgemeinen Lebensverhältnisse selbst zur
Darstellung bringenden Wissenschaft hervorging.

Wenn wir in der Regierung Hadrians die immer univer-
salere Ausgestaltung der Weltmonarchie und die innere Steigung
ihres monarchischen Charakters besonders deutlich ausgeprägt
finden, so ist es natürlich, daß, wie wir vorher bereits an-
deuteten, auch die Göttlichkeit derselben stark betont wird und

[1]) O. Hirschfeld, Röm. Verwaltungsgesch. I. 290 f.
[2]) Vit. Hadr. 22.
[3]) Vgl. Bremer, Gött. gel. Anz. 1889 S. 429 ff.
[4]) Nach dem schönen Ausdrucke Sohms, Institut. 4. S 67.

in mannigfachen Ehrenbezeugungen einen allerdings überschweng-
lichen Charakter erhält. Seine Regierungsthätigkeit erschien den
Bewohnern seines Reiches vor allem als eine Neugründung, die
Befestigung und Sicherung der Grenzen des Reiches, die Hebung
des Wohlstandes im Inneren desselben, die vielen Wohlthaten,
die er den einzelnen Gemeinden erwies, die Begründung neuer
großer Vereinigungen, so vornehmlich der panhellenischen[1]),
legten den Vergleich mit dem Zeus οἰκιστής oder Σωτὴρ καὶ
Ἐλευθέριος besonders nahe und bewirkten, daß er als solcher
bezeichnet und verehrt wurde[2]). Die Anlegung von Kolonien,
die seinen Namen trugen, oder Neugründung von Städten, die
er nach sich umnannte[3]), erinnert namentlich an den Vorgang
Alexanders und bot wohl eine vorzüglich geeignete Grundlage
für die göttliche Verehrung des unermüdlichen Schöpfers oder
Neubegründers solcher städtischer Anlagen; wie die Neuschöpf-
ungen in seiner Lieblingsstadt Athen[4]) das Fundament zu einem
bedeutsamen Kulte, der dem Kaiser als dem Olympier erwiesen
wurde, abgegeben haben, so ist es gewiß auch in vielen anderen
Städten, die ihm ihre Existenz oder besondere Wohlthaten ver-
dankten, geschehen[5]).

Wie er auf den Münzen als Wiederhersteller (restitutor)
der einzelnen Provinzen bezeichnet wurde, so wurde er allgemeiner

---

[1]) Auch eine panjonische Vereinigung scheint Hadrian wenigstens neu
belebt zu haben (vgl. Anc. Gr. Inscr. in the Brit. Mus. 501). Auf
Münzen unter Antoninus Pius findet sich dann ein Ἀσιάρχης und ἀρχιερεὶ s
ἐν πόλεων (des κοινόν der 13 jonischen Städte); vergl. Head, Cat. of
Jonia S. 16.

[2]) J. Dürr, Die Reisen des Kaisers Hadrian, Abh. d. arch.-epigr.
Seminares zu Wien II. 1881, hat im Anhange eine ganze Reihe solcher
Inschriften zusammengestellt; ich füge aus neueren Veröffentlichungen z. B.
noch hinzu Inschriften aus Andros (Ath. Mittlg. XVIII. 10) und von
Araxa (Bull. Corr. Hell. XV. 551 f.).

[3]) V. Hadr. 20.

[4]) Vgl. darüber Wachsmuth, Stadt Athen im Altertum I. 686 ff.
Curtius, Stadtgesch. v. Athen S. 265 ff.

[5]) An Andeutungen hiervon fehlt es ja auch in den zahlreichen in-
schriftlichen Zeugnissen nicht.

auch der Wiederhersteller des ganzen Erdkreises genannt, und die auf Münzen sich findenden bildlichen Darstellungen[1]), auf denen die Erdgöttin mit der Erdkugel, zum Teil in Gemeinschaft mit dem Ozean, zu des Kaisers Füßen liegend dargestellt wird, wohl auch mit der Aufschrift: Tellus stabilita, bringt in sehr anschaulicher Weise den Gedanken, daß die ganze bewohnte Welt in der Person des Kaisers die Gewähr ihres Bestandes und Glückes habe, in ihm gewissermaßen solidarisch verbunden sei, zum Ausdruck.

Eine höchst bedeutungsvolle Anschauung liegt doch dieser Idee eines Weltreiches zu grunde, die Anschauung, daß es ein Reich gibt, das, weil es im Prinzip die Welt, die gesamte οἰκουμένη umfaßt, — alle etwa neben ihm noch vorhandenen Gewalten haben ihm gegenüber kein selbständiges Recht —, durch eine gewisse innere Notwendigkeit besteht, ein Abbild einer höheren Ordnung, in sich selbst seine Rechtfertigung und die Bedingung seiner Dauer tragend. Der Zusammenhang der Welt hat eine äußere Darstellung, eine staatliche Organisation gefunden, die, unabhängig von ihren wechselnden Repräsentanten, mit innerer, unwiderstehlicher Gewalt sich den Gemütern der Menschen einprägt und durch ihr Dasein selbst von ihrer Notwendigkeit zeugt.

Wie bereits vorher betont wurde, ist es nicht die Aufgabe unserer Darstellung, die Entwickelung der Weltmonarchie und ihre Ausprägung in den äußeren Formen nun im Einzelnen weiter zu verfolgen; bloß einige Hauptmomente sollen noch hervorgehoben werden. Es ist vor allem die Regierung des Severus, die einen weiteren, wichtigen Schritt in der Ausgestaltung der absoluten Weltherrschaft bezeichnet: der Versuch, eine erbliche Dynastie zu gründen, die schon durch Hadrian begonnene, jetzt energisch weitergeführte Zurückdrängung des Senates als des Vertreters der alten römischen, konstitutionellen Tradition, die Hebung des Ritterstandes als des eigentlichen Reichsbeamten-

---

[1]) Vgl. z. B. Cohen II². 1285. 1425. 1429. 1432. 1433. 1504.

standes in seinen Befugnissen und seiner Ehrenstellung[1]), die
Stärkung des militärischen Elementes, als der hauptsächlichen
Grundlage und des wichtigsten Werkzeuges der kaiserlichen Gewalt, sind ebenso charakteristisch für diese Regierung, als das
Bestreben, die einzelnen Teile des Reiches enger zu verschmelzen,
die Unterschiede immer mehr zu nivellieren, ein Bestreben, das
in der durch Caracalla gewährten Ausdehnung des Bürgerrechts
an die Provinzialen seine Vollendung fand. Die stärkere Ausbildung des absoluten Regiments prägt sich äußerlich vornehmlich darin aus, daß seit Severus die Bezeichnung des Kaisers
als Herr (dominus) in dem offiziellen Stil auch lateinischer
Inschriften erscheint, während sie vorher nur in vereinzelten
Fällen auf griechischen Münzen (zuerst unter den Antoninen)
und auf griechischen Inschriften (wie es scheint, zuerst unter
Hadrian)[2]) uns entgegentritt. Der Satz, daß die Kaiser von
den Gesetzen befreit seien[3]), findet sich in der uns geläufigen
Auffassung, im Sinne einer absoluten monarchischen Gewalt, zuerst bei Dio, einem Zeitgenossen der Severe. Bei diesem Gange
der Entwickelung ist es denn auch begreiflich, daß auf offiziellen
Reichsmünzen unter Aurelian und Carus der Kaiser „Gott und
Herr" (deus et dominus) genannt wird[4]). Aurelian, der

---

[1]) Vgl. hierüber besonders O. Hirschfeld, Röm. Verwaltungsgeschichte.
I. 295.

[2]) Vgl. unter den von Dürr a. O. im Anhange beigegebenen Inschriften Nr. 23 = C. I. G. 2927: συγχωρηθέντι τῇ πατρίδι αὐτοῦ ὑπὸ
τοῦ κυρίου Καίσαρος Τραιανοῦ Ἀδριανοῦ Σεβαστοῦ; Nr. 39 = C. I. G.
3148: παρὰ τοῦ κυρίου Καίσαρος Ἀδριανοῦ; 132 = C. I. G. 4933: Αὐτοκράτορα Καίσαρα .... Τραιανὸν Ἀδριανὸν Σεβαστὸν πατέρα πατρίδος
Ὀλύμ]πιον τὸν ἀγα[θὸν ἡμῶν] κύριον. Vereinzelte lateinische Erwähnungen
(dominus noster) unter Pius und Commodus s. bei Mommsen, Staatsr.
II². S. 739, 1.

[3]) Vgl. Mommsen, Staatsr. II². S. 730, 1.

[4]) Bereits Caligula und Domitian hatten diese Bezeichnung auf sich
angewandt (vgl. Suet. Domit. 13. Aur. Vict. de Caes. 3. 11. 39); aber
es waren dies rein persönliche Velleitäten gewesen, die damals noch nicht
durchzudringen vermochten. Allerdings war schon zu Augustus' Zeiten
einigermaßen günstiger Boden für eine solche Bezeichnung vorhanden, wie

„Wiederhersteller der Welt" (restitutor orbis), der in dem von ihm gepflegten Kulte des Sonnengottes die Einheit zwischen Orient und Occident wieder besonders wirksam zur Erscheinung brachte, soll, nach einer uns erhaltenen Notiz, auch zuerst das Diadem, das aus dem Orient stammende Zeichen der vollen monarchischen Gewalt, angenommen haben[1]).

Prinzipiell war also hier im wesentlichen schon der höchste Begriff der Herrschergewalt erreicht; das Bedeutende an der Regierung Diocletians war nur, daß er dieses absolute Regiment durch ein eigenartiges, umfassendes System der Verteilung der Gewalt und ihrer äußeren Darstellung zu befestigen und dauernd zu machen versuchte. Ein System der Herrschaft, so kunstvoll in sich zusammenhängend und gegliedert, wie die irdische Welt selbst, die ja auch wieder in einen höheren Zusammenhang eingefügt war. Wenn der Kaiser jetzt in der Abgeschlossenheit seines Hofes, angethan mit den Insignien höchster Majestät, thronte und die Proskynese von seinen Unterthanen verlangte, so sprach sich darin die absolute Erhabenheit des Herrschers aus, der in dieser seiner Erhabenheit die Begründung für seine

---

aus Suet. Aug. 53 und namentlich Philo leg. ad Gaium 23 hervorgeht; man wird wohl auch hierbei an den Vorgang der Diadochenreiche, namentlich der Ptolemäerherrschaft, wenigstens in ihrer letzten Periode, denken dürfen; vgl. z. B. die Inschrift aus der Zeit Ptolemaios XIII. C. I. G. 4897 b = Strack, Dynastie der Ptolemäer, Nr. 152, wo der κύριος βασιλεὺς θεός u. s. w., dem ein hoher Beamter sein προσκύνημα zuteil werden läßt, neben der κυρία Ἶσις genannt wird. Ein übertreibender, aber immerhin charakteristischer Ausdruck, eine Steigerung der uns z. B. schon auf den Münzen Hadrians entgegentretenden Anschauung von kaiserlicher Allgewalt ist es, wenn auf vereinzelten Inschriften vom Kaiser als einem Herrn (δεσπότης) der Erde und des Meeres und des gesamten menschlichen Geschlechtes die Rede ist, so auf einer Inschrift zu Ehren Gordians III. bei Le Bas-Waddington Nr. 147 c. Eine ähnliche Bezeichnung bereits unter Caracalla führt Eckhel, D. N. VIII. 501 an.

[1]) Epit. de Caes. 50. Wenn wir das Diadem auf Münzen erst seit Constantin treffen, so ist das an sich noch nicht mit Eckhel (D. N. VIII. 363) als ein unbedingter Beweis gegen die Richtigkeit jener Nachricht zu verwenden.

Herrschaft suchte und fand; aus den Stürmen und Wirren der
vorhergehenden Zeit erhob sich mit großer Energie, durch
Diocletians Regierung verkörpert, der Gedanke einer höchsten
Gewalt, die durch ihr eigenes Wesen allein den Bestand des
Reiches, dem sie vorstand, verbürgte, unabhängig von allen den
Potenzen, die bisher, sei es als Vertreter der alten römischen,
konstitutionellen Traditionen, wie der Senat, sei es in usurpiertem
Besitze einer thatsächlich herrschenden Stellung, wie das Heer,
ein selbständiges Recht geltend gemacht oder einen faktischen Einfluß ausgeübt hatten. Das System der in ihrer Ernennung,
wie in ihren Befugnissen, allein in der kaiserlichen Autorität
wurzelnden Beamten, die Beamtenhierarchie, die in der Diokle-
tianisch-Konstantinischen Verfassung verwirklicht wurde, die Vollendung der gesetzgebenden Befugnis des Kaisers, der von Justinian
als das über den Gesetzen stehende, lebendige Gesetz bezeichnet
wird[1]), bedeuten den Abschluß einer lange vorbereiteten Entwickelung der monarchischen Idee. Mag also auch die äußere Gestaltung der Hofhaltung und des Hofzeremoniells seit Diocletian
vielfach durch unmittelbare orientalische Einflüsse, vor allem das

---

[1]) Nov. 105, 4: καὶ αὐτοὺς ὁ θεὸς τοῖς νόμοις ὑπέθηκε (nämlich:
der kaiserlichen Gewalt), νόμον ἀ'τὴν ἔμψυχον καταπέμψας τοῖς ἀνθρώποις.
Vgl. auch die sehr charakteristische Erörterung des Themistios or. 19 p. 228 a
(277 Dinb.): νῦν δὲ εἴδομεν ἀνθρώπους ἐκ τῶν τοῦ Ἅιδου προθύρων
εἰς τὸ ζῆν ἐπανιόντας, οὓς ὁ μὲν νόμος ἐκεῖσε ἀπήγαγεν, ὁ δὲ τοῦ νόμου
κύριος ἐκεῖθεν ἐπανήγαγεν, γινώσκων ὅτι ἄλλη μὲν δικαστοῖ, ἄλλη δὲ
βασιλέως ἀρετὴ καὶ τῷ μὲν προσήκει ἕπεσθαι τοῖς νόμοις, τῷ δὲ ἐπ-
ανορθοῦν καὶ τοὺς νόμους ... ἅτε νόμῳ ἐμψύχῳ ὄντι καὶ οὐκ ἐν γράμμασιν
ἀκινήτοις καὶ ἀσαλεύτοις. διὰ τοῦτο γὰρ, ὡς ἔοικε, βασιλείαν ἐκ τοῦ
οὐρανοῦ κατέπεμψεν ἐς τὴν γῆν ὁ θεός, ὅπως ἂν εἴη καταφυγὴ τῷ
ἀνθρώπῳ ἀπὸ τοῦ νόμου τοῦ ἀκινήτου ἐπὶ τὸν ἔμπνουν καὶ
ζῶντα. Hier ist namentlich auch die Anknüpfung an einen bereits von
Platon geäußerten Gedanken (Polit. p. 294 b; vgl. oben S. 38) bemerkenswert. Was früher — in der philosophischen Theorie — aus der Persönlichkeit des wahren (philosophischen) Herrschers abgeleitet wurde, wird jetzt
allgemein als Attribut der monarchischen, kaiserlichen Gewalt gefaßt. Inter-
essant ist es, wie die Begründung des Begnadigungsrechtes des Kaisers in
ihrem Keime sich somit schon auf die philosophische Theorie der Griechen
zurückführen läßt.

Vorbild des neupersischen Reiches, bedingt sein[1]), so darf man doch nicht die Kluft zwischen der Diocletianisch-Konstantinischen Monarchie und der vorhergehenden Periode als eine zu weite erscheinen lassen[2]); hinter der Veränderung der äußeren Erscheinungsformen darf der innere Zusammenhang der Entwickelung nicht zurücktreten; die Bedeutung der Schöpfung Diocletians wird dadurch nicht verringert, sondern besteht gerade darin, daß er solche neue Formen schuf, die der schon lange lebendigen und wirksamen Idee der Monarchie eine selbständige, ihrem inneren Wesen entsprechende Darstellung ermöglichten. Konstantin der Große legte, indem er die Erhebung des Christentums zur Staatsreligion vorbereitete, einen neuen Grund für das Reich; die einheitliche christliche Kirche wollte er als Kitt benutzen für die Einheit des Reiches; die monarchische Gewalt wurde durch diese große Wandelung in ihrem Wesen nicht verändert — erst später haben wirklich religiöse, christliche Ideen hier einen tiefer greifenden Einfluß ausgeübt; — die absolutistischen Elemente des römischen Kaisertums wurden in die christliche Welt eingeführt und dafür ihm jetzt die Machtfülle des einen, christlichen Gottes zur Verfügung gestellt; auch in der neuen, christlichen Form blieb der Kaiser der Vertreter der göttlichen Allgewalt auf Erden.

In dem großen Gesetzgebungswerke Justinians fand die Entwickelung, die wir soeben in ihren Grundzügen zu skizzieren versucht haben, ihren Abschluß; jetzt war das Weltrecht vollendet, das durch die ihm innewohnende Kraft universale Geltung und dauernden Bestand beanspruchen konnte, ein Abbild jenes allgemeinen, von den Philosophen verherrlichten, das Weltall durchdringenden Weltgesetzes, der Weltvernunft; und die lebendige Trägerin dieser Einheit des Rechtslebens war eben die kaiserliche Gewalt, die Repräsentantin des Weltreiches.

---

[1]) Mommsen, Abriß d. röm. Staatsr. S. 352. Vgl. auch die treffenden Bemerkungen Rankes Weltgesch. III. 1, S. 491 f.

[2]) Dies ist, wie mir scheint, doch bei Mommsen a. O. S. 351 der Fall.

Werfen wir noch einen zusammenfassenden Blick auf den
kunstvollen Bau dieser Weltmonarchie, so finden wir die ver=
schiedensten Elemente, aus denen er zusammengefügt ist: eine
eigenartige politische Entwickelung, vertreten namentlich durch
große Persönlichkeiten, die in sich selbst die Idee einer die Welt
umfassenden Herrschaft zur Darstellung bringen, und durch die
politische Kraft eines Volkes, wie es das römische war, die vor
allem der Weltmacht Dauer verlieh, religiöse Vorstellungen, in
denen sich hellenische und orientalische Elemente in wunderbarer
Weise vermischt haben, Vorstellungen, die auch in der christ=
lichen Umhüllung, die das Kaisertum seit Konstantin annahm,
ihr eigentümliches Wesen und ihre Kraft bewahrt haben, endlich
der rationale Absolutismus, der in der griechischen Philosophie
seine klassische Ausprägung gefunden hatte, alles dies hat zu=
sammengewirkt, um jene eigenartige weltgeschichtliche Erscheinung
hervorzubringen.

Sechstes Kapitel.

Das Fortwirken der antiken Monarchie in der Folgezeit.

Die volle Bedeutung der in den vorstehenden Erörterungen
behandelten Entwickelung wird uns erst klar, wenn wir sie in
den Wirkungen, die sie auf die folgenden Jahrhunderte aus=
geübt, in den eigentümlichen Abwandlungen, die sie unter dem
Einflusse neuer geschichtlicher Kräfte, namentlich des Christen=
tums und Germanentums, erfahren hat, betrachten; wenn irgend=
wo, zeigt sich gerade hier, daß erst im universalhistorischen Zu=
sammenhange die ganze Tragweite großer geschichtlicher Erschei=
nungen und Ideen sich offenbart. Wir wollen zum Schlusse

nur andeutungsweise noch einzelne charakteristische Momente
hervorheben.

Der Gedanke eines Weltreiches ist der große universale
Gedanke, der das Mittelalter beherrscht; allerdings ist die diesem
Weltreiche zu grunde liegende Idee menschlicher Gemeinschaft
unter dem Einflusse des Christentums innerlich nicht unwesentlich verändert; an die Stelle des allgemeinen Weltzusammenhanges, der das menschliche Geschlecht mit umfaßt, ist als das
primäre und grundlegende Moment der Gedanke einer innerlich
zusammengehörigen, durch bestimmte geschichtliche Thatsachen,
gemeinsame geschichtliche Erlebnisse, und namentlich durch ein
gemeinsames Ziel verbundenen Menschheit getreten, wie auch der
ursprüngliche Ausgangspunkt für die christliche Gestalt dieser
Anschauung ein ganz anderer ist; es ist ein transcendenter
Gottesbegriff, der die Idee eines die ganze Menschheit umfassenden Reiches Gottes bedingt[1]), während die auf griechischem
Boden erwachsene Menschheitsidee durchaus von natürlichen
Zusammenhängen, der gleichartigen Natur des Menschen und
der in der sichtbaren Welt, dem Kosmos, sich bezeugenden allgemeinen Ordnung ausgeht.   Somit ist unter Einwirkung christlicher Gedanken auch der Begriff eines Weltreiches in den Zusammenhang einer höheren und umfassenderen, geschichtlich zu
verwirklichenden, Ordnung hinaufgehoben.

Die Traditionen des römischen Weltreiches, der römischen
Weltherrschaft, leben ebenso in der Organisation der römischen
Kirche wie in dem Kaisertum des Mittelalters fort; in dem
Herrschaftssystem der ersteren gelangen sie zu einer viel selb-
ständigeren, wirksameren und dauernderen Entfaltung, als in

---

[1]) Es liegt doch im Interesse auch der geschichtlichen Forschung, diesen
Ursprung — bei aller Anerkennung des Einflusses, den der Hellenismus auf
die Ausgestaltung der Formen christlichen Lebens und namentlich christlicher
Lehre ausgeübt hat — nicht verdunkeln zu lassen durch das gegenwärtig
vielfach uns entgegentretende, über die besonders von Harnack gegebenen
Anregungen weit hinausgehende Streben, auch die grundlegenden Elemente
des Christentums aus dem Hellenismus abzuleiten.

dem letzteren; doch ist ja auch dieses für die allgemeine Ent=
wickelung von Bedeutung gewesen. In dem Reiche Karls des
Großen verbindet sich das römische Imperium in eigentümlicher
Weise mit dem auf durchaus anderen Grundlagen ruhenden
germanischen Volkskönigtum, das Wesen und die Aufgaben des=
selben bereichernd, zum Teil modifizierend[1]); das Kaisertum
erhebt sich „zum Mittelpunkte des gesamten Kulturlebens", eine
Stellung, die es allerdings in der Folgezeit nicht aufrecht er=
halten konnte. Wenn dann in der neuen Verbindung, die das
deutsche Königtum seit Otto dem Großen mit dem römischen
Kaisertum einging, die antike Auffassung von der kaiserlichen
Allgewalt sich wieder in einem immer steigenden Maße geltend
machte, so ist doch dabei zu bemerken, daß diese durch den Be=
griff des Amtes moderiert wurde[2]), und daß die Monarchie
selbst eine wesentliche Fortbildung in der Richtung einer wahr=
haft staatlichen Anschauung erfuhr, derzufolge der jeweilige
Träger des Imperium sehr bestimmt von der über ihm stehenden,
stets sich gleich bleibenden Staatsgewalt oder Hoheit des Reiches
unterschieden wurde — eine Anschauung, die bereits Konrad II.
in sehr charakteristischer Weise zur Geltung brachte. Andrerseits
müssen wir auch wieder hervorheben, daß gerade unter der Ein=
wirkung der aus dem Altertum überkommenen kaiserlichen Tra=
dition der Versuch gemacht wird, das deutsche Königtum in seinen
Grundlagen umzubilden. Friedrich I. verfolgt auf diesem Wege
den Plan, die kaiserliche Gewalt zu einer erblichen zu machen,
indem er seinen Sohn zum Cäsar, zum zukünftigen römischen
Kaiser ernennt[3]).

---

[1]) Vgl. hierüber die kurzen, aber inhaltsreichen Bemerkungen Sohms,
Fränk. u. röm. Recht S. 7 ff. Ich möchte doch der aus dem Altertum
übernommenen Idee des Imperium selbst noch eine größere Bedeutung
beimessen, als dies Hauck in seiner vortrefflichen Darstellung der Re=
gierung Karls (im 2. Bande der Kirchengeschichte Deutschlands, vgl. u. a.
namentlich S. 103) zu thun scheint. Auch betont ja Hauck selbst sonst den
Einfluß antiker Anschauungen auf die Monarchie Karls.

[2]) Vgl. Gierke, Genossenschaftsr. III. 563 ff.

[3]) Vgl. Scheffer-Boichorst, Friedrich I. und die Kurie S. 84.

In der staufischen Periode erreicht die imperialistische Idee, hauptsächlich unter dem Einflusse der neu auflebenden römischen Rechtswissenschaft, ihre stärkste Ausprägung und tiefste prinzipielle Begründung; unter Friedrich II. finden wir geradezu eine „förmliche Apotheose" des Kaisers[1], der als imperator mundi der rechte Nachfolger der römischen Kaiser ist. Ihn „verehren Erde, Meer und Lüfte"[2]; er ist der Vertreter des göttlichen Weltregiments auf Erden, so wie der antike Monarch das Abbild und der Vertreter des Zeus war[3]. Dieser Anschauung entsprechend lehren auch noch spätere Publizisten und Rechtslehrer des 14. und 15. Jahrhunderts, daß der Kaiser der Herr der ganzen Welt sei und Gott auf Erden, daß man ihn ehren müsse als den auf Erden gegenwärtigen und verkörperten Gott[4].

Es ist nun sehr bemerkenswert, daß ein Fürst, der so stark unter dem Einflusse des antiken Gedankens kaiserlicher Allgewalt und Machtvollkommenheit stand, wie Friedrich II., es war, der zuerst einen modernen Beamtenstaat in größter Ausbildung schuf;

[1] Vgl. Gierke a. O. S. 563 Anm. 122.

[2] Vgl. z. B. Petr. de Vineis ep. III. 44: Hunc si quidem terra, Pontus adorant, et aethera satis applaudunt, utpote quae mundo verus imperator a divino provisus culmine, pacis amicus, charitatis patronus, juris conditor, justitiae conservator, patienciae filius, mundum perpetua relatione gubernat.

[3] Petr. de Vin. ep. III. 68: Igitur divinae bonitatis arbitrium, dissolutum hactenus regni regimen digne comitans, ipsius perfecturae fastigium in nobis, velut in successore legitimo, collocavit‹. Ähnlich spricht schon Friedrich I. von der ›imperatoria majestas, quae regis regum et domini dominantium vicem gerit in terris, von der durch sie ausgeübten gubernatio universitatis hominum suae jurisdictioni attinentium‹ (Const. imperat. I. 335 ed. Weiland).

[4] Vgl. die von Gierke a. O. angeführten Stellen des Baldus, Dietrich v. Niem, Aeneas Sylvius u. a. Zu der Bemerkung des Dietrich v. Niem: dem Kaiser schulde man devotio tamquam praesenti et corporali deo, vgl. Veget. de re milit. II. 5: ›Nam Imperatori, cum Augusti nomen accepit, tamquam praesenti et corporali Deo fidelis est praestanda devotio et impendendus pervigil famulatus‹.

von diesem Staate können wir sagen, daß der „Begriff der
königlichen Gewalt in alle Beziehungen des Lebens eindrang"[1]);
hier wurde das verwirklicht, was Friedrich selbst als die seinem
Regimente zu grunde liegende Anschauung aussprach, daß er
zwar persönlich nicht überall gegenwärtig sein könne, daß er es
aber potentialiter, d. h. der Idee nach sei[2]). Die Beamten
dienten als Werkzeuge eines einheitlich wirkenden höchsten
Willens, einer überall hin sich erstreckenden zentralen, obersten
Autorität; der gesamte Staat war auf der Person des Fürsten
aufgebaut.

Das heilige römische Reich deutscher Nation verfiel; es
mußte den sich bildenden Mächten der neueren Geschichte, den
territorialen und namentlich den nationalen Gewalten weichen,
ebenso wie das scholastische Lehrgebäude, der aus dem Altertum
überkommene Kosmos logischer Formen, immer mehr den selbständigen Gedanken einer neuen Zeit Raum gewähren mußte;
die im Imperium verkörperte, im alten kaiserlichen Rechte lebendige Idee des „eigentümlichen Berufes der höchsten Gewalt"
wirkte aber in den neuen Formen staatlichen Lebens fort; sie
wurde durch die nationalen und territorialen Potenzen zu macht-
vollerer und dauernderer Geltung gebracht, weil sie sich hier mit
den Bedürfnissen und Tendenzen selbständiger Machtentfaltung
und staatlicher Konzentration verband, weil das, was dem
eigensten Wesen der neuen Gewalten entsprach, in der imperia-
listischen Theorie seine wirksamste Begründung und Rechtfertigung fand. Auf diesem nationalen Boden ist der Gedanke einer
zunächst ausschließlich in der Monarchie verkörperten unteilbaren
Souveränetät ausgebildet worden. Läßt sich scheinbar ein
größerer Gegensatz denken, als der zwischen dem Herrschaftssystem eines Weltreiches und den neuen nationalen Bildungen?

---

[1]) Ranke, Franz. Gesch. I³. S. 40 (Cotta), gebraucht diesen Ausdruck
vom französischen Königtum zur Zeit Philipps des Schönen.

[2]) Petr. de Vin. ep. III. 68. Friedrich II. spricht zwar hier nicht
von seinem besonderen Reiche, sondern vom imperium mundi; aber, was
da doch nur ein ideell bestehender Anspruch war, das war in seinem eigentlichen Reiche wirklich durchgeführt.

Und doch, wie der große Zusammenhang der gesamten abend-
ländischen Welt den geistigen Grund für das Nebeneinander
selbständiger, aber in ihren gegenseitigen Beziehungen eng mit
einander verflochtener nationaler Staaten darbot, so hat die
gerade in eigentümlicher Verbindung mit dem Weltreiche ausgebildete und weiter entwickelte monarchische Idee das alte, ich
möchte sagen, scholastische Gewand immer mehr abgestreift und
sich den modernen Tendenzen des nationalen Staates zur Verfügung gestellt.

Insbesondere zeigt nun die volle Ausbildung der absoluten
Monarchie, namentlich im 17. Jahrhundert, überraschende Ähn-
lichkeit in ihren Grundzügen mit der des Altertums; unter
christlicher Hülle, die mit dem Wesen des Christentums selbst
nichts gemein hat, ist der Gedanke der Herrschergewalt wesentlich derselbe; es ist der Gedanke der unmittelbaren göttlichen
Legitimation einer absoluten, der Persönlichkeit des Herrschers
inhärierenden Machtvollkommenheit; auch hier ist der Monarch
der Vertreter Gottes auf Erden. „Die Majestät ist (nach
Bossuet) das Bild der Größe Gottes in dem Fürsten. — Die
Fürsten sind Götter, nach dem Zeugnis der Schrift und haben
in gewisser Weise an der göttlichen Unabhängigkeit teil. — Der
königliche Thron ist nicht der Thron eines Menschen, sondern
der Thron Gottes selbst"[1]. Wenn in dem Frankreich Ludwigs XIV.
dieser Anspruch absoluter Herrschaft wenigstens mit nationalen
Tendenzen verbunden ist, tritt er uns in seiner nackten, rein dynastischen Gestalt unter den Stuarts entgegen, denen „die Geltung ihres persönlichen Willens ein inhaltloser Selbstzweck" ist[2].
Die Könige haben nach der unter ihnen aufgestellten Theorie
des „Jure divino Königtums" „ein göttliches Recht auf
absolute Gewalt. Alle Regierung ist absolute Monarchie.
Die Könige succedieren nach dem Rechte der Eltern in die

---

[1] Die Citate aus Bossuet sind nach Koser, Hist. Zeitschr. N. F.
Bd. 25 S. 269 gegeben. Vgl. auch die lehrreichen Erörterungen Roschers,
Politik S. 270 ff., die manches interessante Detail geben.

[2] Gneist, Engl. Verfassungsgesch. S. 549.

Ausübung der höchsten Jurisdiktion. Sie sind über allen Gesetzen"[1]).

Dieser Anschauung von der Monarchie trat nun eine, zum Teil auch wieder unter dem Einflusse antiker Gedanken stehende Auffassung entgegen, die, von dem Rechte und dem Interesse der Gesamtheit ausgehend, die Pflicht des Fürsten, ein Diener des Staates zu sein, begründete und zwar diese Pflicht aus der naturrechtlichen Theorie von der Entstehung des Staates ab= leitete[2]). Allerdings würde man nun wohl irregehen, wenn man in dieser naturrechtlichen Begründung vornehmlich oder sogar ausschließlich die treibende Kraft, die eine solche Auffassung der Monarchie und eine ihr entsprechende Regierungspraxis hervorgebracht habe, sehen wollte; sie ist vielmehr, so großen Einfluß sie gewiß auch ausgeübt hat, doch im wesentlichen nur die den herrschenden philosophischen Theorien entsprechende Formulierung eines Prinzipes, das eben vor allem in den poli= tischen, sittlichen und religiösen Kräften einer eigenartigen historischen Entwickelung wurzelt. Der Monarchie, die in dieser Entwickelung die Führung übernommen hat, eignet ein Grund= zug, der sie von der antiken wesentlich unterscheidet: es ist das eigentümliche geschichtliche Bewußtsein, das in ihr ausgeprägt ist, das ihre einzelnen Vertreter in den Zusammenhang einer großen geschichtlichen Tradition, eines geschichtlich fortwirkenden Berufes einfügt. Diese Monarchie ist auch in ihrem Wesen nicht an den absoluten Charakter des Regimentes gebunden; je klarer und reiner in ihr die wahrhaft staatliche Auffassung zur Durchführung gelangt, je entschiedener sie nicht in sich selbst,

---

[1]) Gneist a. O. S. 552.

[2]) Ich darf vielleicht hier eine besonders charakteristische Äußerung Friedrichs des Großen in seinem Essai sur les formes du gouvernement et les devoirs des souverains, 1777 (Oeuvres de Frédéric le Grand IX. S. 195 ff.) anführen; es heißt da S. 196 f.: »qu'on s'imprime bien que la conservation des lois fut l'unique raison qui engagea les hommes à se donner des supérieurs, puisque c'est la vraie origine de la souveraineté. Ce magistrat était le premier serviteur de l'état«. In ähnlicher Weise wird S. 208 auch die Gewissensfreiheit der Unterthanen begründet.

sondern in den Gesamtzwecken der staatlichen und nationalen Gemeinschaft, der allein auch sie zu dienen hat, ihre Begrün= dung und Rechtfertigung sucht, desto mehr wird sie auch im stande sein, mit den Aufgaben und Kräften des staatlichen und nationalen Lebens immer von neuem sich zu verjüngen und als lebendiger Repräsentant der Einheit des Volkes zu erscheinen.